大展好書 好書大展

大展好書 好書大展

心靈叢書
82

根本佛教與
大乘佛教

渥敦文雄人／著
圓光寺人／譯

慧炬出版社

前　言

根本佛教是我的主修領域之一。如果套用一句典型的學術名詞，那就是原始佛教。追溯當年釋尊親口說出的教法，並站在佛教的源流來了解佛教的全貌，無疑是我這個佛教徒的心願，也是我這個做學問的人的心願。

追溯初期的佛教，從此沿著歷史潮流往下看時，首先會發現大乘佛教的巨大風貌。這個風貌跟我們生前在初期佛教下面的見聞稍有不同，甚至絕對不相同。

不但這樣，而且在若干重要的關鍵上，反而呈現尖銳的對立。有時候，有人懷疑佛教到底是不是一種宗教呢？這種疑問不是無的放矢。

但若仔細一想，惟有這樣，才顯示佛教的宗教本質。若藉用我一向喜愛的道元禪師的一句話說佛教是「森羅萬象」。或者也可套用禪者一向愛說的話：「柳綠花紅」，想要勉為其難把「森羅萬象」歸納在一個類型裡，無疑會扭曲存在的實相，結果，柳綠卻不見得有花才是萬物的真面目。

在適當時間，和適當機會，讓各種花開放和結果，惟有這樣才能顯露佛教的殊勝功德。

沒錯，從各方面看，根本佛教與大乘佛教都各異其趣。有時會呈現尖銳的對立，但若站在更高層次的現實去深思的話，便要談到佛教宏偉壯觀的歷史，惟有這樣，才能看到佛教永遠存在的源泉，而這才是佛教所以成為萬人信仰的理由。

若看到自家庭園的鮮花是紅色，就認為天下所有的花都得呈紅色，非呈紅色不行，那就是愚癡了。有紅花、有白花、有黃花、也有紫花，才會讓自家的花園更繁茂、更風光。如果硬要說僅有根本佛教才是真正的佛教，或堅決主張大乘佛教才是真正佛教的話，結果也同樣是愚蠢。

在佛教的花園裡，有紅花、也有白花或藍花，才能顯現百花獻媚、五彩繽紛。現在，我所以要將根本佛教與大乘佛教相提並論，並暢談兩者會通問題，也基於這個理由。

為了謹慎起見，有一點必須強調的是，不論會通或會釋，也絕非能夠藉此引出天地間絕無僅有的新東西。不錯，我已經在本文談到新佛教的產生問題了。然而，真正的新東西，就是靠我們來建立的觀點，亦即我們對佛教的看法。

只有這樣，才明白大乘佛教徒對根本佛教的看法。也能因此讓若干堅持根本佛教的人對大乘佛教產生新觀點。這樣，才能看到佛教多彩多姿的風光，張開「森羅萬象」般浩翰的佛教天地，從此滔滔不絕地湧出這種宗教的永恆生命之泉。

置身其間，大乘佛教徒可以活得無礙闊達，而愛好根本佛教之嚴肅作風的人，只要能吸取釋尊流出的生命之泉就好了。

這份論稿的來源，先在立正佼成會公開演講時，同樣以「根本佛教與大乘佛教」爲題，講過幾回以後的內容。後來，藉著各種因緣，才蒙佼成出版社協助出版，真是由衷地感激。

增谷文雄

目錄

第三章　根本佛教的基本特性

第四章　大乘佛教的基本特性

第五章　站在人的立場來思考

第一章　新佛教的產生

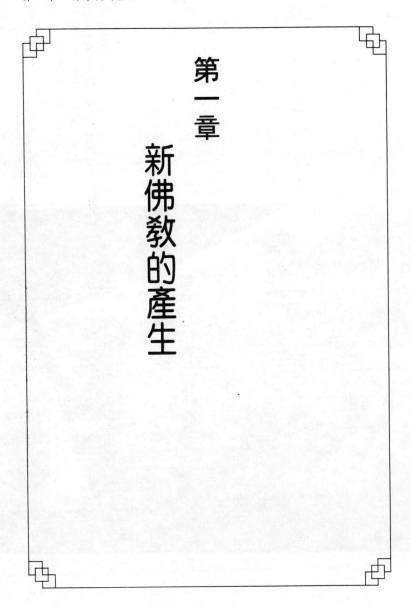

這是恆河的巴勒拿西浴場，也是印度教的聖地。成千上萬的人向河水祈求自己的靈魂得救。

「會通」一語的思想作業

我現在要同時探討根本佛教與大乘佛教，那就是應該怎樣思考這兩種佛教的會通或會釋的課題？

會通是佛教的舊名詞，意指兩種完全相反的見解，或概念相會溝通，使它們歸納成一種意思。會釋也是大致相似的意思，意指兩種不同或相反的教理與語句提出來探討，從中找出相通或沒有矛盾的新意義，企圖包攝的一種思想作業。

而今若想把這種佛教舊名詞所說的思想作業，放在現代思想名詞裡思考的話，那麼，我當然得考慮到辯證法（Dialektik）的問題了。

「辯證法」這個名詞，本來出自歐洲哲學的思潮，它包含希臘哲學以來，長期間西洋哲學史上不少變遷的痕跡，但經過現代黑格爾（Hegel，一七七〇——一八三一），大體上的整理，才成就一種形式，倘若以他的觀點說，人類的思惟原理，不外經由正（These）——

註一、**辯證法**——倒不是把正反兩個命題看作矛盾而加以排斥，而是依靠它們的統合，前進到更高一層的境界。

註二、**黑格爾**——一七〇——一八三一，生於德國，集德國觀念論哲學的大成，對於後來的哲學影響很大。主要著作有『精神現象學』等。

反（Antithese）——合（Synthese）等三種發展階段。所有命題或概念，一旦結束固定的作用，其中便會自然地孕育著矛盾。這叫做正反。

然而，面對這種矛盾情況的出現，人類的思惟又會超越正與反，從更高層次的自覺裡，又開始一種綜合這些的思想作業。經過黑格爾的整理，才有一套名叫止揚（Aufheben）的思想運作，藉此產生的的新命題或概念，就是合的過程。

現在，佛教裡的會通或會釋之類的思想作業，未免有些散亂，不夠嚴密，好像不完全會自動遵循人類思惟所存在的發展階段。儘管這樣，我們也仍然要探討兩個相反的見解與概念，倘若能發現它們沒有矛盾的新意義，那麼，按理說，這套思想作業也會自然地成為這類止揚運作才對。

我現在要探討根本佛教與大乘佛教，企圖做一番會通或會釋，也想在更高層次的自覺裡，把它們綜合起來，最終的目的不外如此而已。

註三、**止揚**——原字是Aufheben，意謂兩種矛盾原理不朝反合方向前進，而是互相提升，最後統合起來到達更高層次。

註四、**大乘佛教**——大乘一語為梵文的譯名，意指「大運載物」。起自紀元前後的一種新佛教運動，他們認為佛教徒要依循佛陀的慈悲、救助天下衆生，純粹是利他行為。這項運動不是以原來的出家人為主，而是以超脫方式，擴大範圍，凡是在家信徒肯敬拜佛塔都可列為大乘佛教徒。

何謂根本佛教？

那麼，根本佛教是什麼？依我看，不妨先談談這個名詞。原因是，根本佛教算做一個極新的術語或名詞。

最先提出「根本佛教」這個術語的人，正是我的恩師——姉崎正治老師。他曾在明治四十三年（一九一〇）寫一本『根本佛教』的書。當時，那是一本名作，以致洛陽紙貴，從那以後，『根本佛教』一語才開始流行。那麼，這個術語的始作俑者——姉崎正治老師到底為什麼要用這個名詞呢？關於這一點，不妨讀一下那本著作的序言，他開宗明義地說：

「東方的佛教是花芯，南傳佛教是枝葉。花芯的色彩使人眼花撩亂，而忘了根底；枝葉徒然繁茂，才疏離莖幹，這無疑是南傳佛教的現狀吧！首先恕我自恃，才想在這裡談談根本佛教。因為我先在巴利佛典與漢譯三藏方面做過前所未有的比照，抱持一

註一、**姉崎正治**—一八七三～一九四九。號稱嘲風，是一位宗教學者，出生京都，曾任東京大學教授。在東大開設宗教學講座。他的研究特色是頗具科學性的批判眼光，無疑是近代佛學研究的先驅，也開闢基督教史的研究。主要著作有『現身佛與法身佛』、『根本佛教』。

註二、**漢譯四阿含**—被譯為漢文的阿含經典，阿含是集原始佛經之大成，歸納為長阿含、中阿含、增一阿含和離阿含等四部。

註三、**巴利佛典**—就是用巴利文字寫的佛經，而巴利文是古印度的俗話之一。古代的作品，大家總以為它比較接近佛陀的心聲。東南亞及錫蘭等地的小乘佛教徒

種信念，想要探索佛教的宗教性質，也就是佛陀弘法的真相。所以這本著作的原由無疑盡在於此，此外不必贅述。」

表面上，這是極短的序文，殊不知其中也提到三件事。

第一是現在的佛學者應該尋根才對。如衆所周知，佛教可分成北傳和南傳兩大支派。北傳佛教從印度經由西域，傳到中國，再經由朝鮮半島到東方的日本。南傳佛教由印度傳到錫蘭，即現在的斯里蘭卡，再以那裡爲根據地，傳遍東南亞各國。這些佛教至今雖然也維持旺盛的生命，殊不知這種所謂枝葉或花芯的宗榮，反而使佛學者長年以來忘了回顧它的根基。姉崎教授覺得很遺憾，才略有所恃，本著捨我其誰的精神，想要談談「根本佛教」。

如果回顧一下基督教世界，那麼，我們經常聽得到「回歸耶穌基督」的呼聲。他們每當運作某種新的信仰活動，或想打出某種新的神學牌時，總會不斷地呼籲其原動力的根源。無如，在佛教世界裡卻未曾聽過「回歸佛陀」的呼聲。而今我的老師也許稍有所恃，才想提出根本佛教，而這就是前所未有的呼籲——「回歸佛陀」。

都皈依巴利佛經。

註四、**漢譯三藏**—經是佛陀的教說，律是佛教徒的生活規範，論是教說的註釋與研究；而經、律、論叫做三藏，即佛教聖典的總稱。雖然，日本人也用漢譯佛經，殊不知這些原來都譯自梵文等印度語言，和中亞諸種語文的經典。

註五、**巴利五部**—用巴利文傳承的原始佛經，可以歸納為長阿含、中阿含、增一阿含、雜阿含和相應部，這些經典章句比較能忠實傳播釋尊的直接語氣和心聲。

註六、**原始佛教**—從釋尊在世時候起，到教團分裂爲各部派以前，通常叫做原始佛教，而分裂後的佛教叫做部派佛教，這是佛教史的用語，由於內容著眼點不同，致使年代論的定義也不一樣。

第二是他提到根本佛教方面的文獻。他寫這本書以前，也就是在明治四十一年（一九〇八）出版過英文著作："The Four Buddhist Āgamas in Chinese"（漢譯四阿含的研究）。它的副題是"A concordance of their parts and of the corresponding counterparts in the Pāli Nikāyas"如果稍微深入學術的研究領域，所謂漢譯四阿含，就是包括「長阿含經」三〇經，「中阿含經」二二二經，「雜阿含經」一三六二經（另有「別譯雜阿含經」三六經，「雜阿含經」二七經），以及「增一阿含經」四七二經。其中最重要的經典群為「雜阿含經」一三六二經，相當於漢譯（四三五，求那跋陀羅譯），也許這些排列的原型早已崩潰了。姉崎教授觀察了巴利五部，才恢復原型，並製作對照表把漢譯四阿含，及其相對應的巴利五部的每一部互相對照。這樣一來，才打好了研究根本佛教的基礎。姉崎教授說「作者在佛學研究方面奠定前所未有的基礎，就是比照巴利佛典與漢譯三藏」，完全意謂這件事。

第三是「抱持一種信念，想要探索佛教的宗教性質，即佛陀弘法的真相」這一段話的意義。

註七、**蘊**—梵文原字是「聚集」的意思。組成人間世界的物質和精神要素，凡從色、受、想、行、識等五方面來掌握存在物，叫做五蘊說，這是一般常用術語。

註八、**六處**—也叫做六入，表示感覺的領域。眼、耳、鼻、舌、身、意等六個感覺器官（六根），叫做內六處，它們的對象（六境）是色、聲、香、味、觸、法，則叫做外六處，合稱為十二處。

現在所謂根本佛教，不外學術界通常所說的「原始佛教」。不消說，姉崎教授是一位不折不扣的佛教學者，然而，他不用原始佛教的名稱，反而叫根本佛教，到底理由何在呢？其實，這個秘密關鍵盡在這一節裡。雖然他並沒有提到「根本佛教」一語的出處，殊不知我身為他的學生，倒也能看出它的出處。

在阿含部的經典，不時讀得到mūla這個字，而此字正是「根本」的意思。例如有一句叫mūlapaṅñāsa根本五十品便是。在巴利五部的相應部經典方面，則相當於蘊相應（有關蘊的經集），或六處相應（有關六處的經集）等大部頭的經集，列舉根本五十經的篇目，就是用這種句子來表示。

姉崎教授是一位著名的阿含經專家，他當然知曉這些用語的例子。現在，他一面批評僅有枝葉繁茂的佛教現狀，也同時呼籲佛學者必須再度回顧佛教的根源，並也回歸佛陀本人的佛教。

意謂現在是佛學者要再度站在佛教的原點上，重新思考佛教的本質的時候。他主張堅持信念，敍述佛陀本人的佛教，可知他用「根本」一語冠在佛教的理由了。

現在，我要效做先師用「根本佛教」這個名詞來討論佛教的根本。我所依據的文獻是阿含部的諸經。我也認為現在佛學者必須要再站在佛教的原點上，好好思考佛教的本質才對。這時候，橫在眼前的一大課題，就是根本佛教與大乘佛教的關係。

新課題

首先，我必須談清楚這兩項課題，也就是探討根本佛教與大乘佛教，在此以前，我們根本未曾想要會通或會釋這兩者的關係。意謂這套思想作業對我們佛學者而言，完全是一項新企劃，也是一項新課題。這一點我們先得有清楚的認識才行。

佛教漫長的歷史指出這兩派佛教決非沒有關係，毋寧說，佛教整個歷史基礎，都建立在這兩派佛教的相關狀況之上，我這樣說並不會過分。

無如，這兩大支流若用北傳佛教的用語，那麼，就可以稱為小乘

註一、**小乘佛教**—小乘為梵文的Hinayana字，意指「小的乘座物」。這是大乘佛教徒貶稱以傳統出家人為主的佛教諸教派，而不是有什麼佛教集團自稱為小乘。傳統的部派佛教認為開悟是修行人個人的自覺問題，故得有專業的教義知識，但依大乘佛教徒看來，卻頗不以為然，不能只顧自己一人開悟，還得設法讓其他人開悟。

註二、**梵文**—屬於印歐語系的古印度語言，梵的字意是「已經完成的語言」。這是很優雅的語言，習慣用

佛教與大乘佛教，而兩者都在不斷對立與抗爭的關係中。

倘若用上面辯證法的用語來稱呼的話，那麼，顯然成了正反關係。面對完全矛盾與對立關係，又處在更高層次的自覺裡，兩者根本沒有想過要綜合兩者的思想作業。

倘要直截了當說明這種情狀，不妨舉出「大乘」與「小乘」這兩個名詞。小乘的原字是梵文的Hīnayāna。hīna字的原意是個形容詞，意指「被關在外面」、「低微的」或「有缺陷的」，而yāna是個名詞，意指「乘座物」或「教法」。倘若加上Hīna這個形容詞，當然貶稱「低微的教法」，很瞧不起的意思。不消說，世間沒有人會貶稱自己所信仰的教法。

反之，大乘也是梵文，原文叫Mahāyāna。那麼mahā是名詞加上巨大或輝煌，意謂「巨大的乘座物」或「卓越的教法」，這一來，中國的佛經翻譯家就把它譯作「大乘」了。

總之，這是個美好的稱呼，就常情來說，世人都喜歡美稱自己所信奉的教法。

在北傳佛教裡，不斷地稱呼小乘與大乘，意謂長期以來，這兩大

在宗教、學術和藝術等方面。許多佛教典藉都用梵文寫的，大部份佛教名詞也都來自梵文。

註三、**在中日兩國撰述的文獻**—不是印度佛經的翻譯，而是指中、日兩國人自己寫的經典。例如天台大師智顗、日本空海及最澄的作品，大藏經裡也有不少頗具權威的聖典。

註四、**巴利語**—係古印度的俗語之一，頗多跟梵文類似之處。不少初期的佛經也用巴利文寫的，現在的泰國、緬甸等南傳佛教的國家都採用巴利文的聖典。

註五、**上座部**—釋尊入滅後一百年左右，由於徒眾對教義與戒律問題有不同的解釋和意見，所以，佛教教團便分裂為上座部與大眾部兩派。大眾部算是比較進步

佛教的支流一直處在對立抗爭的關係裡，同時，大乘佛教常以壓倒性優勢對待小乘佛教。原因是，小乘佛教在其間一直用無意爭辯的貶稱在談論。

若要說明其部份原委，就必須談到整個北傳佛教的歷史了。現在限於篇幅，只有靠讀者的常識來判斷，恕不贅述。不過跟我現在要解說的情況完全是兩回事。

關於這方面，有兩件事要提出來：

第一件是，明治天皇讓我們一群佛學者的眼光擴大起來。

以前，我們只知北傳佛教，就是佛教舊名詞所謂「三國佛教」。那是指印度佛教、中國佛教和日本佛教而言，在這以前，我們研究佛教的眼光，只停在這三國佛教方面。其中，中國佛教對日本佛教的影響太大了。

在早期，我們所用的佛教文獻都以漢譯佛經為主，再加上中、日兩國佛教大德所撰述的文獻，對於印度佛教的理解，充其量也只透過這些文獻略知一二而已。除此之外，毫無所知，這就是以前日本佛學者的視野了。

與革新的作風，而上座部係以教團的長老為中心，算是比較傳統和保守的部派。

註六、**猶金・波魯諾夫**—一八〇一—一八五二。法國的語言學者和東方學者。精通比較語言學與梵文佛經等，創立法國亞洲協會。先把梵文法華經譯成近代語言。主要著作有『佛譯法華經』、『印度佛教史入門』。

註七、**馬克斯・米勒**—一八二三—一九〇〇。由德國籍歸化為英國籍。東方學者，牛津大學教授，對於印度學的研究有諸多貢獻。除了校訂梵語佛經以外，也編集五一卷東方聖書。

註八、**李斯・戴衞斯**—一八四三—一九二二。英國佛教學者，倫敦大學教授。一九八一年設立巴利聖典協會，推展巴利文聖典的研究。著有不少有關巴利語文的作品。主要著作有『巴利辭典』。

註九、澳爾登堡—一九五四—一九二〇。德國的印度學者和佛教學者。曾任大學教授，對吠陀與巴利文獻頗有研究，校訂和出版巴利文的律藏。主要著作有『佛陀』、『奧義書的教說與佛教的起源』。

註十、印度學—不分時代和領域，凡是有關整個印度的研究，都稱為印度學。日本把佛學列為其中一個領域，其實是指佛學以外的領域研究。也包括印度教的研究。

註十一、南條文雄—一八四九—一九二七。號稱碩果，生於岐阜縣，屬於真宗大谷派，到牛津大學向馬克斯·米勒做研究。曾任東

然而從明治開國以後，我們的佛教眼光才迅速開闊起來。現在，佛學者始知除了三國佛教以外，還有許多國家的人們也蒙受佛法的教化。同時，也知悉佛教文獻除了漢譯佛經以外，還有梵文、巴利文和藏文等諸多資料存在。

尤其，知道在錫蘭更保存有悠久與完整的「巴利五部」，所謂南傳佛教也以那裡為根據地，傳遍到東南亞大陸和各個島嶼。我們也明白了那些地區的佛教主要屬於上座部（Theravāda），他們幾乎沒有受到大乘佛教的影響。

第二件是，關於佛學的研究領域，即原始佛教的研究大放異彩。

這方面的研究先驅都是一群歐洲學者。例如，猶金·波魯諾夫（Eugène Burnouf，一八〇一—一八五二年）、馬克斯米勒（F·Max Müller，一八二三—一九〇〇年）、李斯·戴衛斯（T·W·Rhys—Davids一八四三—一九二二年）、澳爾登堡（H·Oldenberg，一八五四—一九二〇年）等人，都功不可沒。

他們全都通曉梵文或巴利文，便運用自己的語文能力，開闢印度學與佛學研究的新領域。於是，日本從明治以後，便有幾位佛學者匆

匆渡海去向他們求教了。

例如，南條文雄（一八四八——一九二九年）、高楠順次郎（一八六六——一九四五年）、姉崎正治（一八七三——一九四九年）、木村泰賢（一八八一——一九〇三年）、宇井伯壽（一八八二——一九六三年）等人。在這群學者們的領導下，才從明治後半期起，到大正、昭和年間，原始佛教的研究便在日本佛學界形成一股巨流了。

這一來，歷經漫長的歲月，日本人自誇為「大乘相應之地」，在日本佛學者眼前，才有清新純粹的佛陀教法。當然，也有人表示相反的觀點，他們認為今天日本佛學者眼前那種最古老的佛陀教法，無異一場嶄新的酒席。

我所說的新課題就是這個，有些大乘佛教徒以前排斥小乘佛教，不能說兩者完全一樣，但也決非另一種存在，那麼，我們應該怎樣思考它才好呢？或該怎樣評價呢？

現在，我們正在面對這項新課題。

京大學講師、大谷大學校長，除了校訂楞伽經等梵文佛經，還出版過漢譯大藏經的英文目錄（南條目錄），列為外國學者必備書籍。　偵

註十二、**高楠順次郎**——一八六六——一九四五。佛學者，生於廣島，號稱雪頂。曾在牛津大學得到馬克斯•米勒教授的指導，返日本任東京大學教授、東洋大學校長。編輯『大正新修大藏經』、『南傳大藏經』，出刊「現代佛教」雜誌，一九四四年得到文化勳章。

註十三、**木村泰賢**——一八八一——一九三〇。佛學者，生於岩手縣，曾任東京大學教授，除了研究原始佛教，和阿毗達摩以外，也在六派哲學方面得到學士院獎章。著有六卷『木村泰賢全集』。

註十四、宇井伯壽一一八八二——一九六三。對於六派哲學等印度思想，和印度、中國、日本佛教頗有研究，而且涉及範圍很廣。著有『攝大乘論研究』等。

異端

現在不妨談一下異端的意思。這個字本是基督教的heresy；GK hairesis，所有宗教其實都採用它。意指若干否認教會或教團信仰的人。然而，每一個教會或教團對這類異端的處置方法與態度，倒不一定相同。毋寧說各有一套方法。尤其，基督教會跟佛教教團對待異端的態度之間，有一種極有趣味的差異。在此順便一提，好讓讀者們參考。

坦白說，基督教的歷史，無疑是一部異端的詮議史，或驅逐異端的歷史。今天翻開基督教史一看，便會發現四世紀以後常舉行宗教會議。而他們討論的內容除了確定信仰條款，或重點工作，便是怎樣驅逐異端的事情了。

例如，三二五年在尼卡亞（Nicaea）舉行宗教會議，討論亞理烏絲說（Arianism）驅逐了那位倡導者——亞理烏絲（Arius 二五〇前後—三三六年）。

西元四一八年，在卡爾塔哥召開一次宗教會議，決定把配拉吉烏斯（Pelagius，三六〇前後—四四〇年）的主張看作異端，最後把他趕到東方去。西元四三一年，在艾配梭（Ephesus）召開一次宗教會議，完全否認納斯特立絲（Nestrius，四五一年死）的主張，結果也把他驅逐到東方去。後來，中國社會出現的景教徒，就是他們這一支派。

對待異端的苛薄態度，在整個基督教史上屢見不鮮，從中不難看出基督教的體質。

不消說，佛教史上也有異端的想法存在。顧名思義，那部『歎異抄』便是嘆息異端的書。那些小乘佛教徒曾說大乘非佛論，指出大乘經典都不是佛法，這又何嘗不是異端的論調？明治中期又出現新的大乘非佛說，倡導者是淨土真宗一位名叫村上專精的佛學者，結果因他懷有異安心，才被自己出身的教派削去了僧籍。從淨土真宗的觀點看來，他的主張就是異端，若從整個佛教史的觀點看來，諸如此例也實在罕見。

因此，我們不能說佛教很少有異端。毋寧說，其間不乏異解、異

註一、**歎異抄**—這是親鸞上人的弟子唯圓的著作。全書有十八章，前半部內容是親鸞的語錄，後半部才是唯圓的作品。他嘆息親鸞上人死後的異說，旨在傳承師父的真意。這是淨土真宗的重要聖典，故不乏此書的詮釋。

註二、**村上專精**—一八五一——一九二九。號稱不住，一位佛學者，出身真宗大谷派，生於兵庫縣，曾任東京大學教授，大谷大學校長，奠定佛教教史的研究基礎。他主張大乘非佛說，竟被取消僧籍，引起當時佛教界的騷動和議論。主要著作有『佛教統一論』、『日本佛教史綱』。

端或異安心，話雖如此，他們卻不太苛刻，也很少採取驅逐的做法。總之，佛教處置異端的態度跟基督教完全不同。

那麼，我不妨列舉幾個實例來看看！

佛陀圓寂後一百年左右，在恆河中游的北岸附近有一座城市——毘舍離，那一帶駐錫的衆比丘主張變更十條戒律，那就是在貨幣經濟急速的發展下，要求教團的律儀做適度調整，以便跟得上時代的腳步。例如，飲食時間或托鉢都是枝節繁瑣的事，行布施時何妨認同貨幣的授予，這項主張非同小可。經過一群長老比丘的會議討論——這叫第二結集，結果逐一否決這十條主張，也視它為「非律」。他們表示佛陀既訂的戒律裡沒有這些項目。不料，毘舍離那群比丘不服從他們的決議，便集合許多同志，另外召開宗教會議，叫做大合誦，終於跟那群長老各行其是，分道揚鑣了。

佛教從此開始分派，那支新獨立的教團叫做大衆部（Mahāsa-mghika），針對初期的佛教教團所產生的進步派。

所謂大乘佛教，其實是大衆部系統的附屬品，他們的主張對於正統派的上座部——堅持釋尊的教法——充滿批判意見。佛陀的教法是

註三、**異安心**—異端說，他的主張跟淨土真宗的親鸞不同，安心指安心得悟，淨土認為是一種願心，信奉阿彌陀佛便能往生極樂。

註四、**結集**—譯自梵文字，意指佛經的編輯會議。當初的經律不用文字書寫，只靠口誦傳承。為了確認大家的記憶有無錯誤，便聚集僧侶於某處，一齊唱誦自己的教法，對照後整理出一套內容。

註五、**非律**—違反戒律，律是佛教團的法律，釋尊自己規定的，所以，誰若違背它，無異違背釋尊的教理，就得受到教團的懲罰。

註六、**分析法**—用理性和客觀的方法分析事象，彷佛釋尊發現緣起法則時所看見的情狀。

，先專心使自己開悟（上求菩提），而大眾部主張要先下化眾生，即救渡芸芸眾生才對。

還有正統派堅守佛陀很重視的分析法（即分別），而大乘教派主張直觀法（即無分別）才應該要重視。雖然，大乘教派沒有批評佛陀本人，無如，他們批評那些聖者（叫做阿羅漢）的理想——只知安住在涅槃的境界，相反地，他們建立新的佛教理想人物——菩薩。由於他們提出這些新主張，結果，才產生不少新經典，內容完全無關佛陀和佛弟子。而這就是大乘佛教了。

這樣一來，如果從正統派的立場視之，上述主張當然是不折不扣的異端了。然而，他們也不曾把對方逐出佛教教團之外。不僅如此，佛教的新生命反而從此滾滾而來，這就是佛教史的實況。

諸如此類的史實，後來也不斷地在佛教史上反覆出現。例如，最能代表中國佛教的禪宗，也似乎是這樣產生的。他們主張「教外別傳」，所謂教，在中國具體來說，便是經。這些經由一群中國譯經者孜孜不倦地翻譯過來。它的數量相當龐大，然而他們卻指那些不是原來的佛教。真正的佛陀精神是「以心傳心」，也就是用心來傳承的意思。

註七、**直觀法**—企圖用超理性方式認識真理，例如靠瞑想和修行才能得到，或超越學問和理性認識才能得到者。

註八、**阿羅漢**—梵文的音譯。意指值得接受別人供養和尊敬的人。凡已達佛教真理之極致，無迷惑可斷，亦無可學者叫做無學。小乘佛教指開悟者，就是證得阿羅漢果。

註九、**菩薩**—梵文音譯，意指求悟或志在求悟者，本是釋尊前輩子的稱號。大乘佛教徒以為芸芸眾生都能成佛作祖，故可以自稱菩薩。

註十、**大乘佛典**—由於大乘佛教運動如火如荼。從紀元前後開始完成的新經典。先有般若經站在大乘佛教的基本立場，說明空觀與善這樣一來，他們便捨棄譯經者多年來的辛苦結晶，開始「只管打坐」，專心坐禪了。毫無疑問地，他們的主張與實踐毅然否定傳統。

若從正統派的觀點看來，他們不是異端是什麼呢？但是，他們也沒有被驅逐出去，反而從那裡源源不絕流出嶄新的佛教精神。這也是完全的史實敍述。

還有念佛法門的諸位大德，他們所談亦無例外。他們觀察時代潮流，視眼前為「末世」，自我反省，輕蔑自己。但是，他們徹底自覺為罪惡生死的凡夫，活在人間，開始從中選擇佛教諸說。他們把整個佛教大體上分成聖道門與淨土門兩大類，結果捨棄聖道門，而選擇淨土門。聖道門是想靠智慧與實踐到達聖者的境界。這是佛教的傳統做法。他們把它看作「非我分」而捨棄不用，反而選上稱名念佛這道法門。若從正統派的觀點看來，這又與異端有什麼區別呢？但是，他們也沒有被驅逐出去。不但這樣，不可思議的新信仰泉源反而洶湧出來，這也是佛教的史實。

由此可見，佛教史正是異端史，那麼，佛教為何允許這種事實呢？或說佛教居然容納異端，那麼，它到底是一種什麼體質的宗教呢？

薩行的實踐，之後，般若經的思想在形形色色的主題下繼續發展，從初期的法華經、華嚴經、無量壽經等開始，直到後期的密教經典，先後完成不少大乘經典。

註十一、**只管打坐**—曹洞宗的開山祖道元特別強調這方面。他否定燒香禮拜和讀經，主張專心禪坐，便是進入佛道的正門。

註十二、**念佛法門**—例如淨土宗、淨土真宗和時宗等淨土教。這些宗派主要教理是念佛，主張專心念佛，便能往生極樂。反之，淨土教以外的佛教諸派叫做聖道門。

菩提伽耶的巨塔，也是釋尊開悟的聖地，佛教徒經常聚集在這佛陀成道之處膜拜和頂禮。

新佛教的產生

那麼，這些佛教史實為何會產生呢？恕我孤陋寡聞，至今還不知道什麼理由，甚至也沒聽說有人指出這些佛教史實。照這麼說，我可能是最先提出這種事實的人。

關於這一點，許多人說佛教很寬容，而基督教不寬容。乍聽下，這種論調大體上不離譜，雙方處理異端的態度，佛教的確寬大容忍，而基督教可說不夠寬容。但依我看來，這種批評只不過憑印象在批評，單看事實表面而已。

為什麼佛教會這樣寬容呢？倘若缺乏根據，那麼，這種寬容就不算紮實。基督教為何不寬容呢？倘若找不到任何理由，顯然，這種不寬容屬於邪慳而已。這些批評充其量是表面印象罷了。

那麼，佛教到底根據什麼，竟會採取如此寬容態度呢？或者說依據什麼理由，會對上述異端如此不追究呢？如果問題追根究底，依我看，佛教建立在相對主義存在論的基礎上。

所謂相對主義存在論，便是緣起（Paṭiccasamuppāda）的理法。不消說，緣起係指釋尊在菩提樹下覺悟的內容。有一部『自說經』提到釋尊的「開悟」，有如下的偈語：

真誠在思惟的聖者，
當萬法清楚呈現時，
他的疑惑便全部消失，
由於他知曉緣起法了。

「緣起」一詞很有趣。由「緣」（paṭicca＝groundedon）和「起」字（samuppāda＝arising）組合起來。意指凡事都由某種條件生起。中國人翻譯成「緣起」。這個名詞的來源正是佛陀覺悟的萬法（存在）法則。因為他在菩提樹下「聚精會神思索」的結果，終於領悟一切存在全靠「緣起」法則而來。

那麼，凡事靠什麼條件生起的呢？此事即相對主義存在論。凡事都要從相關關係來思考。舍利弗曾在一部經（相應部經典、一三、六

註一、**緣起**—事物的生起，依靠許多緣（原因）。例如蘋果的來源，先有花和樹、以及種樹的人，藉這無數的緣（原因）才能結成果實。這是佛教的獨特見解，為其他印度思想所沒有。釋尊大徹大悟的內容，即是這套緣起的真理。

註二、**華嚴經**—大乘經典之一，把許多原來獨立的經典歸納成一部。它描述釋尊開悟後的內觀景象，包括雄偉的世界觀、佛陀觀和菩薩的實踐情形。

註三、**無常**—諸行無常，意指世間沒有一件事情是永遠不變。乍見下，山峰和岩石都好像一直不動不變，殊不知它時刻都在變化。這是佛教對世界的起碼認知，此話跟「諸法無我」、「涅槃寂靜」並稱為三法印。

七、「葦束」）裡譬喻，兩根葦束要互相依靠才能成立。倘若拿掉其中一根，另一根便站不起來，無法存在了。還有『華嚴經』也用「因陀羅網」的譬喻來解說此事。

所謂因陀羅，就是Indra字的音譯，古代印度的最高神格之一，佛教通常叫它「帝釋天」。此神用大網蓋著整個世界。這個網也用縱橫無窮盡的線編織而成，網結上都崁有珠玉，只要牽動其中一隻，便會搖動其他所有珠玉。

這部經使用這種譬喻說明這個世界「重重無盡」的關連性，而我們居住的世界便是如此結構，佛教的世界觀亦不例外。

這就是無限關連性裡，又含有無限流動性。在這種世界觀裡，當然不能有固定的存在。這即是無常。而且，其間也沒有永久的人生。這即是無我。若套用亞理士多德的話說，其間不會有「硬直性真理」。倘若用真理這個名詞，那麼，這個真理一定是流動性，如果用實相，這是佛學名詞，那麼，這個實相也一定是融通無礙在流動著。「萬物流轉」、「柳綠花紅」為大自然的原貌。

釋尊坐在菩提樹下百般思考的結果。便得到這個萬物存在的真相

註四、**無我**—「我」是永遠不變的存在，好像靈魂之類的東西，等於人類存在的依據。印度所有思想都建立在這基礎上—肯定「我」的存在，無奈，佛教完全否定它，根本教理主張「無我」和「無常」。

註五、**融通無礙**—天下萬物都相互融合，彼此搭配。凡夫不是異質的存在，也跟佛一樣，互相融合，故能成佛。

註六、**萬物流轉**—譯自希臘字，古希臘思想家赫拉庫雷特斯的思想。

註七、**柳綠花紅**—大自然的原貌，意指諸法實相。禪宗日常用語，引自唐朝詩人蘇東坡的詩句—「柳綠花紅真面目」。

。只要搖動所謂一項條件的珠子，那麼，其他所有珠子都非動不可。只要出現一道新課題，那麼，一定能預料其間會有無限的變化。處在這種世界觀裡，就是不得變動的正統教法，一旦違反它，立刻會被斥爲「異端」，這種僵硬的想法毫無根據，只要追根究底，便知佛教的寬容是有根據的。

由此看來，佛教的本質帶有不斷求新的宿命，跟著時代在變化，也因人而異，讓新人都能接受它的教法，這是條件的變化。由於條件在變化，致使佛教的教法也非不斷求新不可。學問層出不窮，新東西不斷產生，思想便巨大動搖起來。同時，大家對佛教的期待也不能僵化，這就是新課題的產生，由於課題在變化，那麼，佛教的存在也非不斷求新不可。

佛教的本質正是如此，漫長的佛教史本身，正是說明這種事實，佛陀領悟的存在論便成為它的根據。

我在前面談到根本佛教與大乘佛教的會通，正是我們的新課題。這是靠新佛教學產生的，而這項課題有賴於每個新時代來解答。每次解答最後也會開闢一條路，讓新的佛教順利誕生。

第二章

站在新立場來思考

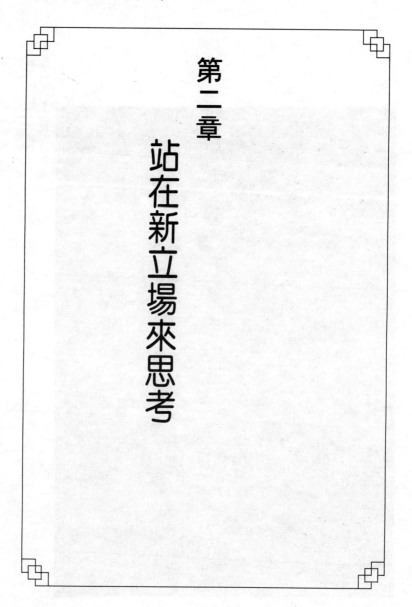

釋尊的苦行像，不難想像他苦修六年，多麼艱苦卓絕。

為了思考這項課題

這項課題是同時探討根本佛教與大乘佛教，企圖會通兩者是不可能的事，許多人以為這是無解的問題。大體上說，這種看法不會沒有道理的。

因為不乏佛學者發現這兩種佛教（若套用佛教的話說，那就是小乘佛教和大乘佛教）無法相容，所以，才使許多人痛心疾首地懷疑，這兩種教說果真融合不起來嗎？可惜，無人能圓滿解答這道題目，這一來，大家在不知不覺裡也認定這是「無解」的題目了，起先，我也是這樣認定的。

現在，我們不妨來思考一下。有人以為兩者的主張，符合對立抗爭的佛教史實，不論怎樣思考，似乎都不能生出新的解決。例如，小乘佛教否認新起的大乘佛教論點，不以為他們的主張符合佛說。他們的根據是，小乘佛教傳承的佛說經典中找不到大乘的主張。如果不能超越這個立場，顯然，便很難容納大乘的主張了。

這是最具體的例子，誠如上述，大乘佛教徒批評小乘佛教徒只顧自我修行，相反地，他們主張要先救渡衆生才對。只顧自己修行的教法，無疑是低微劣等的教法，也是小乘，而佛教必須要努力救渡天下蒼生。然而，小乘佛教徒傳承的初期佛經，都在勉勵自我修行為首要，而根本沒有提到大乘佛教徒所說的話。因此，小乘佛教徒當然否認對方的主張非佛說了。

大乘佛教徒聽到非佛說的話，當然大為不滿。於是，他們便創作新的經典，主角都不離釋尊，內容不斷宣揚和強調自己的主張，同時反唇相譏「小乘之徒所作不當」。這就是大乘佛教形成的訊息。他們一方面極力排斥小乘教徒朝著初期的佛經，只顧自我修行，又提出非佛說的論調，另一方面極力創作新經典，大力宣揚要救渡衆生，揭示自己的主張，也譏諷小乘教徒的無知。這一來，雙方的問題難解難分，一直解決不下。面對兩者對立抗爭的史實，我也認為這道課題無法解決的。

面對這項似乎無解的課題，也總想尋求解決之道，因此，這該怎麼辦才好呢？依我看，首先必須要超越這兩個立場，而後站在第三者

註一、佛說—指佛陀說的教法，如果把佛陀看作歷史人物，解作釋尊的話，那麼，佛說就是他的直接或親口教說，在原始佛經裡只有一部份。倘若像大乘佛教的主張那樣，以為佛教為諸佛的教法，從這個觀點看時，那麼，佛教史上，釋尊滅後幾百年創作不少大乘佛經，包括這些在內的所有經典也都算佛說了。

立場來思考才好。若藉用以上辯論法的用語，那麼，只有超越正反兩道，從更高層的自覺裡，運作一種綜合正反兩者的思想作業才行。

自從小乘與大乘對立和抗爭以來，早已渡過二千年的悠悠歲月，其間，大家總以為雙方的融合始終是一道「無解」的課題。結果，雙方劃地為限，誰也不肯踏出一步。換句話說，「正」始終停在「正」的位置，而「反」也一直停在「反」的地點，雙方自立門戶，各持己見，一方叫喊「大乘非佛說」，而另一方似乎反唇相譏「小乘之輩無知透頂」。因此，自然不能站在更高層次的自覺上產生什麼東西了。這無疑是漫長佛教史實的記錄。

在這段佛教史上，日本佛教一直傾向大乘佛教，然而，事情擺在眼前，一直在變化。

我們的眼光在急速開展之餘，發覺一群自稱為佛教徒中，不僅有人信奉大乘佛教，也還有幾億人信奉所謂小乘佛教。

還有近代的佛學研究方面，原始佛教的研究不但大放異彩，它也在日本佛學裡成了主流。如此一來，日本佛教界長期間自誇為「大乘相應地」，才開始開展另一個清新明確的佛陀思想與實踐的天地。

這個對我們有巨大的吸引力，應該會使我們排除「小乘之輩無知」的看法。於是，一群有心的佛學者就稱它為「根本佛教」，希望佛教徒應該再度站在佛教的原點上，回顧佛教的存在。

倘若那時仍然拘泥於舊的歷史事實，畫地為牢，或坐井觀天，那麼，情況會變成怎樣呢？我不是只對那些堅持大乘佛教徒說話，那時候，原始佛教的研究很進步，也會呈現清晰的面貌，學者之間，有人會站在這個立場，採用這個尺度企圖描述後代的佛教。

總之，有些學者想要以原始佛教來塑造佛教的原型，藉此反映後代的佛教，不斷表示審查性批評，開口閉口這個不適合佛教之名，而那個跟佛教名符其實。依我看，一定不要劃地為牢或自我設限，執著自己的立場，而不去理解別人的立場，仍舊找不到解決課題的端倪。

既然這樣，那應該怎樣才好呢？依照我的意見，大家一定要放棄各種立場，且再超越各種立場，在第三立場來思考才對。

總之，小乘佛教與大乘佛教含有「正」「反」相對的關係，倘若不能超越雙方的立場，達到更高層次的自覺立場，那麼，便不可能找到綜合兩者的嶄新之「合」了。那麼，根據什麼可使兩者處在這種關係上呢？首先，我們一定要從這項根據開始談起。

「回歸佛陀」的意義

我已經談過「根本佛敎」這個用語的精髓，其間含有「回歸佛陀」的意思。恩師姉崎正治博士最先提出這個用語，我不可能扭曲它的精髓。恩師畢生硏究學問，涉及範圍很廣泛。但是，在根本佛敎方面，可說由我來繼承他的硏究，也許我說得稍微自負些。

當我說「回歸佛陀」這句話時，基督敎也經常表示要「回歸耶穌基督」。關於這一點，我覺得有稍加解說的必要。原因是，這兩句話裡除了包括共同性，也含有差異性。

任何宗敎都一樣，傳承到後代，凡是奉行它的敎理的人，都必須要隨時回歸敎祖，深刻沈潛於敎理的精髓。當然，佛敎和基督敎也不例外。若藉用眼前的話說，那麼，大家都要站在它的原點上，深切探索其原來的意義。

然而，我們必須明白即使同樣回歸敎祖，像基督徒必須回歸耶穌，跟佛教徒必須回歸佛陀所要探索的問題之間，意思都不一樣。若要說得明白，我就要列舉聖經與佛經的兩句話了。

有一則保羅的書簡被收集在『新約聖經』裡，「柯林特前書」第十一章開始便聽到保羅這樣說：

你們效倣我，就像仿效基督一樣。

對任何事都要想起我，好好遵守我的傳承……。

其間有模仿的原理。所謂模仿，倘若按照世間的常識來說，大家似乎認為它很無聊，殊不知它在宗教界却不時扮演重大的角色。關於這一點，我現在不能詳談，但依我看，有些人不得不犯罪時，為了想靠神的恩寵來拯救，那該怎樣才好呢？這時候，只有捨棄自己的考量，一心意模仿基督。換句話說，你們只要模仿我就好啦。因為我拚命模仿基督的緣故，這就是保羅在這節吐露的心聲。

記憶裡，十五世紀左右，有一位德國牧師叫做湯麥斯•阿肯匹斯（Thomas A Kempis，一三八〇——一四七一年），寫了一本小册子叫『模仿基督』（De imitatione Christi, 一四七二年）。其中，談到基督徒應該追隨基督的足跡生活才對。據說該書為基督教的古典書籍，在當地很暢銷，僅次於聖經。它也提到模仿對於基督徒是一件重大原理。

再看小部經典的『如是語經』記述佛陀一段話，內容如下：

「諸位比丘呵，縱使有那位比丘脫下我的衣裳，跟隨我後面，步上我的腳印，但若他仍有慾望的激情、憤怒的心和歪邪的思想，或縱情肆慾，不能知解的話，那麼，他等於遠離了我，我也遠離了他。為什麼呢？諸位比丘呵，因為那位比丘看不到法的緣故，凡是看不見法的人，就等於看不見我一樣。

諸位比丘呵，縱使有那位比丘離開我，走到一百天行程的遠處，只要他不起慾望的激情、憤怒之心和歪邪思想，也不縱情肆慾，又能知解的話，他就等於在我的附近，我也在他附近。為什麼呢？諸位比丘呵，那是因為這位比丘看見法的緣故，凡能看見法的人，就等於看見我一樣。」

註一、法—指佛法，依今天的觀點說，法是廣義的，包括法律、法則、真理、教義和存在事物等，形形色色的意思。這是佛教的根本概念之一，在印度也是最重要的概念之一。現在，印度人也最尊重世人依法生活。

雖然，這篇文章嫌長了一些，不過，意思卻說得很清楚。身為佛教徒，不是膜拜教祖、替他脫下衣裳，百般伺候他，而是要知道法、看到法、依照教法，認真實踐。

尤其，那句「凡能看見法的人，就等於看見我一樣。」無疑是全文的重點，在其他佛經裡也一再重複。不過，我們卻能從此看到佛教的真諦，理解到它是一種怎樣性質的宗教？

倘若藉著一句常用語來說，佛教不愧為智慧的宗教。所謂智慧的宗教，即是法的宗教，佛教徒要睜開眼睛看待佛法，再依據佛法生活，這就是智慧的宗教了。

關於這一點，我要在本節探討一番，言辭有些情緒性，原因是，我非常喜歡這部份，不時口誦出來自我安慰一番。

目前，我以身為佛教徒而感到驕傲，然而，佛陀與我之間，早已經過兩千幾百年了。曾幾何時，師尊畢生教化的中印度地區，也距離我們幾萬里，中間還隔著波濤澎湃的海洋。每想到這兒，我不禁無限寂寞起來。這時候，只要我馬上口誦這句：「縱使離開我到一百天行程的遠處」，倘若好好地看著佛法，依照佛的教誡生活，那麼，也能

「在我的附近，而我也會在他的附近。」

這對我來說，無疑是最大的慰藉了。其間的意思跟模仿原理不一樣，即使同樣要回歸原點來思考，殊不知基督徒應該回歸耶穌，跟佛教徒應該回歸佛陀是不一樣的。佛陀釋尊不曾說過弟子們要好好模仿他。毋寧說，佛的教誡是，你們是你們自己，只要依法思考和實踐就行了。至於這方面，釋尊在晚年也經常告誡弟子們，意思很明顯。

「諸位比丘呵，你們要以自己為根據，以自己為依歸，不要依賴別人；要以法為根據，以法爲依歸，並安位於法，不要依據別的東西。」

依我看，這就是智慧的原理，若要確實掌握它，只有「回歸佛陀」好好地思索。

這是那爛陀僧院，也是那爛陀大學的遺跡，據說中國的唐玄奘來參訪時，該寺有許多僧衆在持戒修行。

不是只有釋尊才能成佛

倘若佛教的本質要跟佛陀一模一樣，那麽，所有佛教徒的思想與實踐範例，就不能落實在佛陀一生的教法與行動裡，智者有智者的路子，愚者自有愚者的做法。按常理來說。實踐能力較強的人，自有自己的生存方式，而實踐能力較弱的人也有自己的一套。若要兼備兩方面，這種人實在罕見。

姑且撇開理論不談，不妨舉出實例來看。依據相應部的「教說經」，記載釋尊有一天聽到某村的村長在埋怨下面的事情。

那時，釋尊住在那爛陀附近的波婆羅捺林園。一名村長叫做刀師氏前來拜訪。他說：

「大德呵！覺悟者得到世人普遍的尊敬，我想，他應該對待芸芸衆生懷有慈悲心，也有心想要利益衆生，你想這樣是嗎？」

註一、**反問法**—反問記是佛教名詞，面對四項問題的四種回答之一。就是被人詢問時，馬上反問對方，讓對方回答自己。

刀師氏一看到釋尊便提出這個問題，釋尊聽了便答說：「正是這樣」。之後，對方又問：

「不過，大德對待某些人要把法說詳細，對待某些人就不要說得太詳細。這到底是什麼原因呢？」

這是刀師氏所提的第二道問題。意謂第一道問題如果沒錯，那麼，這豈非跟第二道問題互相矛盾嗎？諸如這樣對立的問題，古人叫做「兩頭論法」。因為森林裡有一種雙頭蛇，只要一邊被打，另一邊馬上會咬你，而兩頭論法彷彿雙頭蛇。這時候，釋尊不慌不忙，使用他最拿手的「反問法」了。只聽釋尊這樣盤問：

「村長呵！倘若你碰到這種情況，不知有何想法呢？假定有一個農夫擁有三塊田地。一塊是肥沃的良田，另一塊是中等的田地，最後一塊是沙地，土質惡劣，含有鹽分。倘若要播種，不知農夫應該先播在那一塊田地上才好？」

註二、**婆羅門**—這是梵文的音譯。婆羅教的司祭、僧侶。在四種性裡，高居首位，他們傳持吠陀聖典。縱使他們的社會地位很高，其實不乏貧困者，後代的說話文學也以戲劇與繪畫描寫婆羅門的生活情狀。

註三、**外道**—泛指佛教以外的宗教和哲學。但稱佛教爲內道，彼此對應。這倒沒有輕蔑的意思，在佛教與起時代叫做「六師外道」，六種哲學學說很盛行。

註四、沙門—梵文的音譯，所有出家人都叫做沙門。尚無佛教以前，印度社會便有這種稱呼，他們剃髮修行，精進不息，追求覺悟。到了後代，主要指佛教的出家人而言。

因為村長是個農夫，聽到這個問題，便能馬上回答：

「大德呵！他當然要先在肥沃的良田上播種之後，才播種在中等的田地上。沙田要最後播種，或者乾脆放棄，不必播了。即使種子播在那裡，收穫也只能當做飼牛的飼料。」

對方回答以後，無形中等於自問自答，他向釋尊提出的問題，結果卻由自己作答，不知他自己有沒有發覺呢？總之，待對方接受了這個答案，釋尊才開始說出一套詳細的法。其間，釋尊所謂「肥沃的良田」，意指那群比丘和比丘尼。「中等田地」係指一群在家的皈依者，至於「劣質的沙田」，意指外道沙門和婆羅門而言。對他們談佛法時，「只要他們能夠理解或接受其中一句話，便算不錯啦」，意謂對待他們不必抱太大希望。

我所以不惜引用長篇大論的經文，不外表示佛陀的教理建立在衆人平等，超越階級的基礎上。然而，這項原則跟現實倒不一定完全符合，曾有一本書叫『佛陀』（Buddha, sein Leben seine Lehre, seine Gemeinde, 一八八一年），一語道破這點，結果卻提醒了我。作者名叫歐爾登貝克。

作者在書中這樣表示：

在理論上，釋尊明確否定等級差別，並承認衆人平等，有權加入他的教團。在現實，他也承認凡來求道的人，不能因為階級的原因拒絕他們。然而，作者在該書指出釋尊的教團倒沒有完全按照理論實行。他提示的證據是Kulaputta，這個名詞，也是他一開始便提出來討論的內容。

這個字等於漢譯的「善男子」，依照作者的觀點，這是「貴族子弟」的證明。釋尊首次說法就提到這個名詞了。若依漢譯的意思，「善男子是住在家，而有出家的本懷」，而作者的譯註是「把貴族的兒子從家鄉誘導出來，使他能加入居無定所的生活，完成最神聖的努力」。作者更進一步指出釋尊的話，從後來教團的實際運作得到證明。

例如舍利弗、目犍連、迦旃延等都是婆羅門的年輕人。阿難、阿那律、羅睺羅等人都出身武士階級。還有耶舍、富樓那，須菩提等人都是巨商富家子弟。他們在社會上都有崇高的地位，來自極高的階級，而且有相當良好的教養。結果，為了三餐自食其力，埋頭作業，果真如此，的確非常罕見。

歐爾登貝克指摘釋尊的教團組織之後，便說過一句老話：「這種教法屬於智慧者，而不屬於愚蠢者」。反觀耶穌基督的教法是，把孩子叫到膝下教誨：「天國便是這種人」，兩者南轅北轍，完全不同。其間，意謂釋尊的教理以智慧之道為前提，便自然有某種限制了。

依我看，歐爾登貝克這本書在所有歐洲佛學者的佛教著作裡，算是極優秀的一部。不消說，我讀完後也得到不少啓發，其間，他說智慧的宗教本身，很自然有某種不得不背負的限制。我讀了這句話彷佛晴天霹靂，我敢這樣表示也絕對不會過份。

通常，佛教徒總會誇說自己的信仰是智慧的宗教，當然我也不例外。這種宗教在那個時代扮演智慧之道的角色，可不是吹毛求疵，反正是非比尋常的宗教。從那以後，這個角色經過兩千多年，直到今天仍然不變。更進一步說，這個宗教在今後只要能長存下去，那麼，它也同樣會扮演這種角色才對。

但是，世人要選擇這條道路，或皈依這條道路，希望有很好的成就，也絕不是那麼容易。光要了解這個宗教的精諦也不是容易的事。

註五、**智慧的宗教**—印度思想不僅佛教，一般宗教都比較重視智慧，而不是膜拜和咒術。大乘佛教認為佛陀就是智慧的完成（般若波羅蜜）所達到的境界。

註六、**道元**—一二〇〇—一二五三。日本曹洞宗的開山祖師。他先在比叡山修行之後拜臨濟宗的榮西為師，曾到中國天童山阿育王寺接受如淨的教誡。回到日本創建永平寺，以宗風嚴格馳名，主要著作有：『正法眼藏』。

若要完全消化緣起的法則，也不那麼簡單。真正理解無常的世界觀亦復如此，還有掌握無我的人性也不是容易的事。對於生長在今天的我們來說，尚且這樣困難，倘若追溯當年，無疑更不簡單了。

沒錯，無知愚昧仍然強烈地控制著人類。在那個時代，真正能了解和實踐教理的人，實在像鳳毛麟角，極為少數，這是很正常的現象。所以，那些教團成員自然以那群出身上層階級的青年才俊為主，那麼，歐爾登貝克的話也只能靠這個事實證明的。

倘若事實如此，那麼，歐爾登貝克又指出另外一大群埋頭苦幹，費盡心機去自力更生的人，無疑是對這個智慧的宗教無緣的衆生了。佛教建立在平等的基礎上面。他們不會因為社會身份的理由而拒絕想要參與教團的人。

然而，在那些教團成員中，不乏投身於勞作，為了生活埋頭苦幹，倘若有這個事實，也是極為罕見，但不知原因何在？

總之，所謂宗教，它的理想一定要為芸芸衆生著想。倘若因為它屬於智慧性質，而有所限制的話，那就一定要超越這種限制了。走筆至此，我想起道元禪師的話：「不用有智高才，亦不靠伶俐聰明，才是真正在學道。」釋尊的宗教裡，也有讓「反」的生存空間，意謂佛教並非只有釋尊一個人才能做得到，其他人就無能為力了。

大乘佛教扮演反派角色

有了這種想法，那麼，不妨把根本佛教即釋尊的宗教跟大乘佛教放在相對的立場來思考，就會發現兩種佛教逐漸有了「正」與「反」的關係了。

我每次一想到這個問題，便不時張開雙手在眼前比一比看。看看右手與左手。我仔細瞧瞧這兩隻手，發現彼此的關係非常有趣。這兩隻手都出自我的胴體，形狀似乎非常類似，如果仔細一瞧，便發現雙手完全相反。若把雙掌同時朝向自己仔細瞧一瞧，也會發覺右手拇指在最右側，左手的在最左側，反之，右手的小指在手掌的最左側，而左手小指剛好相反，其他全部好像都很類似，意謂右手與左手全都呈相反的關係。乍聽之下，這種舉動很無聊，但我覺得很有趣，所以才經常把雙手並排，仔細瞧淸楚。

大約十五、六年以前，我把這項心得稍加整理後才寫出來。那時有一種『在家佛教』的雜誌，我從昭和二十九年四月起，便在雜誌上以「新佛教概論」為題連載，到了昭和三十年寫了二十四回。經過一番整理，便在次年三月以「現代佛教入門」的書名出版。其中，從第二十章到第二十四章便完全討論這個問題。

其間，我列舉四項問題，以對照方式探討原始佛教與大乘佛教的特性。現在，我不妨先介紹這幾個項目。

第一是個人與大衆的問題。倘用佛教術語來表示，即是「上求菩提」與「下化衆生」的問題。雖然我經常表示人類不是單獨一個人可以活的，倘若離開群衆便活不下去，然而，學佛的人應該強調那一方面呢？在選擇答案時，佛教史實指出小乘佛教徒跟大乘佛教徒居然分道揚鑣，各朝不同的傾向。關於這點，我用對照的觀點來看待，此乃個人路線與大衆路線的問題。

第二是分析與直觀的問題。若套用一句佛教的老話。就是「分別」與「無分別」的問題。這些全是佛教方面的方法論問題。意指分析方

註一、**上求菩提，下化衆生**—向上求菩提（覺悟），向下救渡群衆，這個重要名詞被大乘佛教徒用來表達利他思想，只有具備兩者，才能完成大乘精神。

法與直觀把握，那一種比較適宜佛學者呢？如衆所周知，釋尊在討論存在、世界和人生等問題時，善用間隔與分析的方法，在他的一群弟子裡，像舍利弗、迦旃延等人，也都擅長分析問題。所以，初期的佛經常常是極繁瑣與分析結果的綜合記錄。相反地，大乘佛教徒通常比較重視直觀方法，而忽視分析方法，所以，他們輕蔑「分別智」，而高估了「無分別智」。我才用對照觀點來討論分析與直觀問題。

第三是意識與無意識問題。若套用一句今天的術語，那就是心理學的問題。關鍵所在，毋寧說是佛教的實踐問題。若套用一句佛教的老話，也許是「現行」與「種子」的問題，現行就是實際身、口、意方面的行為，而種子是大乘佛學者發明的用語，就是把最小的要因深植在自己極深的無意識裡。釋尊教導徒衆的方法，是先在意方面下工夫，調整心意，才在身口方面落實，這樣才構成一套順序的做法，這也就是人類在實驗上所謂的王道了，無如，現實上往往遭到行不通的情形。此時，一面覺得非實踐不可，另一面也會起反響，而發出必須體驗的嘆息。從此把問題一直追究下去，無意識的世界，或深層心理的問題，便會呈現巨大的面貌。如此，我們就得再度思考佛教實踐的

註二、**現行**—唯識說的名詞，意謂「現實上呈現機能之物」。某種潛在性的行動要因得到某種機會，便能顯現行動言語和思維。

註三、**種子**—唯識說的名詞。譯自梵文字，意謂「種子、原因」。會產生各種物理與心理事物的潛在性能源。人類的善惡行為裡，縱使不會顯現現行，也經常會以種子的角色存在於內部。它潛伏在深層意識的阿賴耶識裡面。

註四、**身**、**口**、**意**—指身體、語言和心。這三項包括人類的一切活動。

新路向了。此事即佛教在漫長歷史上曾經追尋的一項最有趣的經緯。在這裡，我又以對照的觀點將它當做意識與無意識問題來討論了。

第四是羅漢與菩薩的問題，菩薩的出現是一個新型的理想人類，也許這樣說明比較恰當。羅漢是arahant字的音譯——阿羅漢，再簡稱羅漢。意指那些標準的佛教聖者要住於涅槃的境界，主要是大乘佛教徒的用語。如同上述，正統佛教徒只顧自己修行、精進求悟，而大乘佛教徒批判他們這種自利的作風，便主張芸芸眾生的救渡為優先，再塑造具體的人物形象，那就是所謂菩薩的新人物，亦即佛教的理想形象，用來針對正統所描畫的聖者——羅漢。

菩薩是大家耳熟能詳的名詞，譯自bodhisatta或bodhisottva，音譯為「菩提薩埵」，簡寫成「菩薩」。那初期的佛經裡，它的原意單指佛教修行人在這條路上修行，但是，現在的大乘佛教教徒卻補添新的意義，把他當作佛教新理想的形象。當他們談到這種理想人的形象時，又加上「上求菩提」，及「下化衆生」兩句話。前者是佛教徒所說的自利行，而後者卻指佛教徒的利他行。雖然，菩薩也是佛教徒，也一直追求這兩種行，那麼，他的重點放在那一邊呢？顯然放在後

註五、**自利行**—為自身利益所採取的行動，因為大乘佛教認為小乘佛教不可能救渡別人成佛，精進修行只顧自己邁向阿羅漢的境界，便指摘他們為自利的行為。

註六、**利他行**—為別人利益所採取的行動。這是大乘佛教的根本概念，以救渡天下蒼生為目的的行為。總之，自身的事放在一邊，反而為別人鞠躬盡瘁。

註七、**正覺**—正確的開悟，指開悟成佛，覺悟有深淺和程度的差別，而這是最高的悟境。

者。如果再說得徹底一些，就是暫時不要只顧自己開悟，先要去救渡芸芸衆生，這叫做菩薩精神。大乘佛教最貼切的主張，無疑把個人自覺與救渡衆生的比重倒轉過來，藉此刺激大乘佛教徒的熱情，我在此也以對照的觀點探討羅漢與菩薩的問題。

這些是我在舊作列舉的四個項目，以後我又再三研究，覺得一定要再加上一項，那就是理性與感情的問題。

有人問，釋尊教導弟子們時，到底重點放在人的理性、意志或感情的那一方面呢？毫無疑問地，他的重點放在理性方面。他極不愛訴諸人類的感情，甚至極力反對這種做法，我對這方面有一個深刻的印象，就是釋尊的教化方法裡，始終沒有發現他利用過音樂與藝術。

今天，我們不難聽聞佛教徒到處利用佛菩薩和諸天的像在誇耀，但令人驚訝的是，初期佛教根本沒有這樣做過，既然如此，那麼，許多優秀的雕刻品到底始自什麼時代呢？依我看，也許在大乘佛教盛行時代才製作出來的。不，佛像起源的問題至今仍在議論之中，大乘佛教比起初期的佛教，不論從那方面看來，可說都更傾向人類的感情。因此，我現在才加上理性與感情的問題，當作第五個項目。

若把這五個問題並排來看，無非都是涉及人類的問題，這是值得注意的。我們常常稱基督教為「神的宗教」，反之，佛教可說是「人的宗教」，現在把小乘佛教和大乘佛教相提比論之後，始知其間存在的主要項目，在在都涉及人的問題，由此看來，說它屬於「人的宗教」更不在話下。

若再仔細一想，這五項目無疑是人類永遠存在的問題，例如第一項個人與大衆的問題，有時人必須以個人為中心來思考，但有時也一定要跟大家結合一起，不能脫離大衆而單獨生活。

總之，人類一方面是個人的單獨存在，另一方面也是社會的成員。誠如上述，人類不可能一個人活得下去，必須跟群衆一起生活。這是人的本性，然而，這兩個層面正撞著問題的核心。

有時候，我很想單獨生活，否則，我便無法思考事情了。但是，在書房待久了，又想到外面走一走，看看人群。我一輩子做研究工作，經常一個人靜靜地坐在書房讀書和思考，十分快樂。在閱讀時，難免遇到意見跟自己相同的人，更會喜出望外，不過，我有時也希望走進人群去發表意見，想要他們聽聽我的想法。有時必須要單獨生活，同時也極想跟大家在一起。由此可見，人類真是矛盾的動物啊！

寫到這裡，我想起『經集』有一首偈語，題名叫「犀角經」，它把一部經歸納成一首偈（第二〇偈），內容是這樣：

要使群衆歡喜的人，
不可能得到解脫；
應該遵照佛的教法，
像犀牛角般獨自前進。

犀牛角只有一隻，它長在頭顱前面，這種動物只知向前邁進。藉此譬喻初期的佛教徒要「實踐佛陀的教誡」、「獨自向聖者的境界前進」。這是個人要走的路，不是喜愛群衆者走得到的路。那麼，直截了當地說，他們的路是那一條呢？

反過來說，單獨行走仍嫌太寂寞。有時總想跟大家說說話，總想彼此能夠溝通意見。倘若人人得救，真是再好不過了，然而，人類也存有拒絕合群的相反想法。菩薩是大乘佛教理想的人間形象，也不外將這種人類的思想加以具象化出來。這跟佛教徒的理想——彷彿犀牛角獨來獨往的想法完全矛盾。儘管事實如此，無如這也是人類無法否定的願望。

由此可見，大乘佛教主張以救渡衆生為首要的理念，對於初期的佛教立場來說，無疑是一種「反」。依我看，上述第二項到第五項的問題，也是大同小異，跟這個情況很類似。

可見小乘佛教與大乘佛教的主張，在理論上處在這種關係裡——小乘佛教為「正」，大乘佛教為「反」。而我們到底應該採取什麼態度來面對呢？我想一定超越「正」「反」兩極，提升到更高的自覺裡，將兩者綜合起來才對。而今所要面對的思想作業，正是指這種狀況。因此，我們理應撇開雙方面的立場，改在一種新的立場上，重新開始檢討雙方的主張才行。

第三章　根本佛教的基本特性

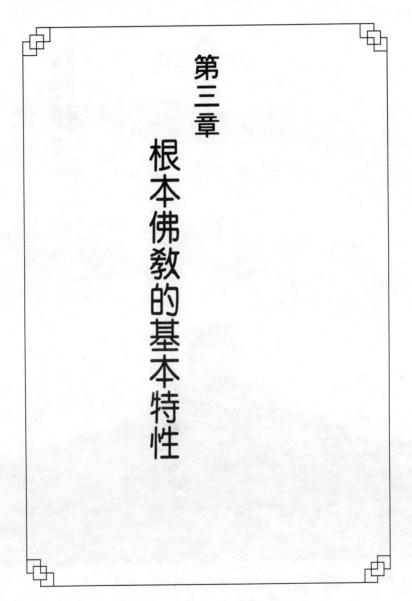

初轉法輪的遺跡，釋尊最先便在這丘陵上說法。

註一、karma-kānda—表示行為，尤其指宗教的儀禮，最大目的在儀禮的嚴格實踐。吠陀聖典上說，印度的哲學學派自古以來，就分成兩派，一派主張karma-kānda另一派主張jñana-kānda，劇烈地爭論不休。

註二、jñana-kānda—指知識，把奧義書上說的宇宙原理，和個人原理的同一性，當作認識與直感性知識。主張這方面的人多半否定karma-kānda。

註三、bhakti—可譯作信愛，對最高神的熱烈信仰。若肯以獻身和絕對信仰最高級的神，便能得到神的恩寵解脫。

佛教的出發點是「智慧之道」

暫且撇開會通這個課題不談，不妨先談一下根本佛教的基本特性。原因是它相當於會通作業的基礎設施。

若要解說根本佛教最基本的特性，我得先提出「智慧之道」的名詞。這可不是我隨便揑造出來的術語，而是古代印度宗教家與思想家們的常用語。他們把本國的宗教與思想加以分類，之後建立以下三個範疇。

第一是karma-kānda或karma-mārga，意指部門或部份。mārga指道路或道程，如果冠上kānda，便成為工作或作業，結果等於儀禮的意思。由此引伸為「儀禮的宗教」，或「儀禮之道」。結果，等於泛指信仰犧牲、禮拜或苦行等項目的宗教。

第二是jñana-kānda或jñana-mārga。jñana意謂知識或智慧，由此引伸為「智慧之道」，也就是宗教的智性部份，或是以知識為中心的宗教。

第三是bhakti-kāṇḍa或bhakti-mārga。bhakti意謂以獻身與愛的態度和心情，來對待神聖的人格對象。概略地說，就是絕對依憑的信仰。如果冠上這個字，便指「信仰之道」。換句話說，這個範疇是以信仰為中心的宗教。

諸如此類的範疇，本是印度宗教家和思想家為了要分類本國的宗教和思想才確立起來的，不過，用來分類人世間形形色色的宗教，不失為很好的方法。現在，若依照這種分類法來解說根本佛教的基本特性，無疑用jñāna-mārga最為恰當。其實，印度早已經把佛教放在這個範疇裡了。

一群印度的思想家經常用以下的例話來談論「智慧之道」。人生彷彿旅客，有時迷失了方向，不知該往那條路去？情形猶如被人矇上眼睛丟到荒野之中。這時候，應該怎麼辦呢？

有些人只會大聲哭叫，有些人好像瘋子般跑來跑去，也許有些人只知求神保祐，希望得救。然而，這些果真是很聰明的辦法嗎？毋寧說，我們應該要先沈著地取下眼睛矇住的東西。之後，平心靜氣地仔細瞧瞧自己目前立足的地方，然後，冷靜觀察自己想去的途徑。這一來，只要能看出應去的路向，就不會心迷，最後，就應該在那條道路上全力以赴，他們不時談論這件例子，指出「智慧之道」的卓越性。佛教即釋尊所說的道路正是符合此種特性的道路。

那就是開眼、發智，到達寂靜涅槃的路，意謂張開眼睛，發起智慧，藉此邁往正道，最後到達自由的境界。關於這一點，釋尊在初轉法輪時有過以下一段話。

諸位比丘呵，出家人不許接近兩條極端。這兩條極端路線是什麼呢？

一條是，貪著各種慾望為低劣，這是卑賤凡夫的行為。不是聖賢所應該做的，且不合道理。第二條是，只顧苦行，一味吃苦，也不是聖賢應該做的。而且不合道理。

諸位比丘呵，如來捨棄這兩條極端，才能悟出中道。那就是睜開雙眼，發起智慧，才能得到寂靜、證智、等覺和涅槃。

釋尊在仙人住處——鹿野苑的樹蔭下開始對五位比丘說出這段教

註四、**正道**—正確途徑，佛教最基本的生活態度，不傾向極端禁慾和享樂。這是釋尊依照自己的經驗而領悟出來的方法，用八正道來表示，據悉只有實踐這八條正道，才能斷絕煩惱，走向涅槃。

誡。只知滿足慾望是不對的，一味苦行也是錯誤。我離棄這兩項極端，才領悟到中道。那就是「張開眼睛、開發智慧、到達寂靜、證智、等覺和涅槃之路」。釋尊又詳述這項道理的內容——所謂「四聖諦、八正道」，即初轉法輪。意謂釋尊在世間第一次說法，其間，他反覆說明這條道路，就是開眼、發智，然後可到寂靜涅槃。這裡有一點希望大家注意，所謂佛教為「智慧之道」說來說去，這條道就是上述這條道路。反過來說，釋尊的教法不外在講解這條道路，最後仍然表示佛教為「智慧之道」。

寫到這裡，我想起『法句經』的一首偈語：（四〇偈）

了知身體如易脆的瓶子，
防護心如固守城壘；
以智慧的武器與魔王作戰，
保衛勝利，不可退失。

如衆所周知，釋尊當年深感生、老、病、死的苦惱，才去出家，

註五、**鹿野苑**—初轉法輪的場地，釋尊開悟後，首先來此說出自己的教法，佛教聖地之一。

註六、**中道**—佛教既不主張耽於享樂，也反對極端的禁慾生活。中道就是一種實踐的生活態度，介於苦行與享樂中間，這是佛教在實踐方面的根本概念，在以後的大乘佛教裡，便聯合緣起、性空等概念，產生一套複雜的教理。

註七、**四諦**—諦指真理、苦、樂、滅、道四項真理，因為世間無常（集諦），才能領悟這是個苦惱世界（苦諦），只有依賴正確的修行（道諦），才能消滅苦惱（滅諦）。佛教的根本教法是，一套從苦惱原因到苦惱消滅的教法。

以至悟道。總之，生、老、病、死的苦惱，乃是人類對自己有限能力深感不安。人類在這種不安的壓力下，怎樣過日子才好呢？照理說，這就是他出家以後的課題了。在他解決這項課題之際，他所選擇的道路，既非依靠奇蹟，也不曾仰賴神仙，甚至也沒有祈禱得救。他自始至終都信賴人類的理性，依靠智慧開闢一條道路。人類對自身的有限能力無可奈何。在這種情況下，釋尊面對這個事實，那就是「了知身體如易脆的瓶子」。

然而，他絕不會在這種事實面前哭泣，他也不會不敢正視事實，從旁邊走過去。他不會在不知情的自足與盲目狀態下等待救援，他只有用不畏縮的眼睛站在人類悲苦之前，以「理性的剛毅」追究人類不安的秘密，「防護心如固守城壘」，勇敢地靠智慧跟魔王作戰。如再進一步說，他終於得到「圓滿的解決」，之後把這條道路組成一套完整的思想和實踐體系，再懇懇切切地說出來。

這就是佛教，即「智慧之道」，亦稱釋尊的教法。這種教法的成立過程及其體系結構，全都依據理性的成立，也仰賴智慧來連貫。因此，我的筆尖反而焦躁起來。縱使我竭盡所能想要描述「智慧之道」

註八、**八正道**—也叫做八聖道、八條神聖之道。指出佛教基本的生活態度和人生觀，才說出正確行為與思考的理想方式。這八條正確之道是正見、正思、正語、正業、正命、正精進、正念和正定。

註九、**『法句經』**—這是原始佛教經典中最著名的一部經。用淺顯的語言說出佛陀教誨的詩集，共計廿六章，四二三首偈語，各地佛教國家都有翻譯本，深受佛教徒喜愛，在歐美也受人歡迎。

，仍感力不從心，毫無辦法。因為整個結構都是「智慧之道」，用筆來解說也只能描述它的一部份而已。現在，我不妨列舉一段敍述，那是當時許多人聽到釋尊親口說出的教誨，便立刻睜開了眼睛，對釋尊的說法留下極深刻的印象。

「了不起的大德，了不起的大德。彷彿把倒下的東西扶起來，好像把覆蓋之處顯露出來，又像對迷失的人指示道路，也像在黑暗中高舉燈火說：『有眼睛的人看這裡啊。』世尊採用各種方法說出教法。我現在要皈依世尊，也要皈依教法和教團。」

這是一群在家信徒聽到釋尊的教法，便在釋尊面前敍述感想，這一段在初期佛教裡不難讀到的。

「只有自己才是自己的依據」

初期的佛教正是這種「智慧之道」，無疑非常殊勝。我身為一名佛教徒，也覺得自傲。不過，所謂「智慧之道」，其實也背負著各種限制。首先，它屬於「個人之道」，而非「大眾之道」，這一點一定要說明白。

『中阿含經』的「傷歌邏經」有一段記載，釋尊在世的時候，有人特地前來訪問一件事，內容是：

那年，釋尊住在祇陀精舍，有一天，一位名叫傷歌邏的婆羅門來訪，他問釋尊：

> 大德呵，我們婆羅門在神明面前祭祀、供犧，既為了自己，也為了別人，修持攘災、招福之道。但是，我目睹世尊的弟子們所作所為，卻一味在調御自己、確立自己，只知消滅自己的苦惱。照這樣看來，豈非只存自己一人的福在修道嗎？

這可以說是一道批判性的詢問。談到這位婆羅門的質詢，我也頗感興趣。原因是，這項疑問到後來在佛教界引發極大的爭論。總之，這就是小乘佛教與大乘佛教之間，一直爭論的「個人與大衆」的問題。

那麼，當時釋尊怎樣回答婆羅門的疑問呢？

在經典上有這樣的記載，這也是釋尊常用的「相反詢問法」。婆羅門呵，你以為這個問題怎樣呢？世間出現如來和正覺者，便常常這樣說。這即是道，這即是實踐，我走上這條道路，我在修持這些實踐，才能斷盡煩惱，得到自由（解脫）。你們也一齊來走這條道路，修持這種實踐，自然能滅盡煩惱，得到自由。這一來，倘若他在說法，許多人又走這條道路，而得到了自由的人數，多達幾百、幾千，甚至幾萬的話，婆羅門呵，你認為如何呢？果真如此，那麼，這種道是一條只為個人的幸福之道呢？還是一條為許多人的幸福之道呢？

大德呵，倘若這樣，那麼，出家的行為也一定是一條為許多人的幸福之道了。

這就是婆羅門的回答。結果，他馬上被釋尊說服了。

然而，釋尊談到自我形成之道；也仍然是一條自己專心修行之道。

關於這一點，我要舉出上述一段話，那是釋尊晚年經常教誨弟子們的話。

諸位比丘呵！你們要以自己為依據，以自己為依靠，而不要去依靠別人；要以法為依據，要以法依靠，而不要去依靠其他東西。

舍利弗和目犍連比釋尊先去世，釋尊乍聞他們的訃訊，目睹聚會時少了兩位高徒，寂寞之餘，內心也有感慨，便不時對衆弟子說出上面那段話。但是，最能打動我們的心，給我們印象最深刻者，莫過於『大般涅槃經』記載釋尊圓寂前，再三交待弟子們的話。

當時，釋尊來到毘舍離的郊外，自從雨安居期間得病以後，才好

註一、**大般涅槃經**—象徵「偉大的死亡」，意謂「釋尊的涅槃」。這部經典描述釋尊臨終的情狀。非常詳細地說出釋尊最後一次旅遊，和最晚年的情形。若要了解釋尊晚年的傳記，這部經是極有價值的參考資料之一。

註二、**雨安居**—在三個月的雨季裡，僧伽擠在僧院裡精勤修行。佛教的出家衆居無定所，遊雲四方，但到了雨季，會有洪水氾濫的危險，不適合旅行，也深恐在不知不覺時踩死小蟲，才有這項規定。

不容易恢復過來。阿難便稟告釋尊：

世尊呵，你總算恢復健康了，上次患病時，我好像全身失去力氣，覺得眼前一片黑暗。當時，我想世尊不會一句話也沒向比丘僧伽們交待便突然走了，現在我才比較放心。

這句話的意思是，阿難覺得萬一釋尊過世，照理說，他一定會事先指定自己的繼承人，來領導教團的運作。然而，釋尊卻沒有指定什麼人來繼承自己的地位，照理說不可能入涅槃。而今目睹釋尊恢復健康才放下心。誰知釋尊的觀點完全跟阿難不一樣。

阿難呵；你說諸位比丘對我有什麼期待是嗎？我已經不分內外，詳詳細細地對你們說出了法。如來的法沒有對那些弟子秘而不宣，隱藏在教師的手掌上。

的確，阿難呵，倘若我是諸位比丘的領袖，而諸位比丘也自以為皈依我，那麼，我臨終一定會對諸位比丘有些交待。但是，我可不是諸位比丘的領袖，同樣地，諸位比丘不要以為皈依我，所以，我到了臨終也不必交待他們什麼話了。

佛教的教團是一群僧伽，基本上一律平等，算是和合的團體。所以，其中無所謂統治者和被統治者，所有成員都在佛法之下享有平等的地位，如此，當然就沒有領袖或繼承人的道理。如果說得徹底些，連釋尊自己也只不過是成員之一罷了。

但，話又說回來，阿難有這種想法也非毫無理由。原因是，釋尊在教團的地位仍然不同凡響。這條道路是釋尊覺悟出來，整理完畢，詳細解說，才吸引大家來追隨釋尊。直到目前為止，大家也不斷以釋尊為『法』的根本，法的眼目和法的依皈，弟子們敬仰釋尊，視他為這條路上的主人和領袖，也不是沒有道理的。但若仔細一想，這條道路的存在，仍然是以法為主導，所有成員都站在平等的基礎上，而不是以誰為依據。

眼前，這位導師很快就要在人間消失了，也要跟心愛的徒衆永遠訣別了。這時候，導師最關心的事情，照理說，應該是自己圓寂後的教團要怎麼辦？從現在起，釋尊的說法和生命逐漸接近尾聲，同時也起了新的氣氛，一種緊張與光輝在別的經典裡難得讀到，反而在這部經上敍述最清楚。在這種緊張的氣氛下，釋尊再度告訴阿難說：

阿難呵！你們要以自己為依據，以自己為皈依，而不要去依靠別人，你們要以法為依據，以法為皈依，而不要去依靠其他東西，只要安住在法裡就行了。

阿難呵！沒錯，不論現在或我入涅槃以後都一樣，你們要以自己為依據，以自己為皈依，而不必去依靠別人；你們要以法為依據，也以法為皈依，而不必去依靠別的東西，按這樣去修行，就是你們比丘最高的原則了。

這段話深受後來的佛教徒所重視，正是「自皈依，法皈依」的教法。這裡反覆交待也不過分，因為這是所有佛教徒最重要的基本理念。

關於這一點，我不由得想起『法句經』的一首偈語——

自己為自己的依據
他人怎可為依據？
自己能調御自己，
是獲得了難得的依據。
（第一六〇偈）

這首詩偈的意思是，這條道路是一條自主之道，沒有什麼可以依靠，一切都得仰賴自我。再回過頭來看，誠如當初釋尊所說，真正可以依靠的人，只有自己和法而已。

釋尊說的道路就是這一條道路，若套用今天的術語說，那條道路是一條完全自我成就的道路，不過，若想前往這條道路的人，也不必跪在神明前面央求恕罪。同時，也無須靠神的恩寵，才有機會到天國去。說得明白一些，這不是不勞而獲，也不是無功受祿；凡是想要走這條路的有所得的人，只要記住『法句經』那句話，就是要好好調御自己，這樣才能得到皈依。若套用今天的術語說，只有依靠自我完成，才是應該全力以赴的最高目標。

這是一條很殊勝的道路。也是很卓越的目標。不過，其間仍然有「反」的特性存在。一名婆羅門前來訪問釋尊：「這不是一條為自己的幸福之道嗎？」

在佛教界後來也因為「個人與大衆」的問題，而引發巨大的爭論，原因正在此。其實，這也是初期佛教所背負的限制。

「佛教是分析的教理」

上述佛教的出發點在「智慧之道」，其間也含有一項特性——它是一種「分析的教理」。如果套用一句老話，佛教原本就是「分別」的教法。日本佛教徒長期間在大乘佛教的影響下接受洗禮，乍聞我這句話，也許會有相當異樣的感受。今天，南傳佛教在正統派的影響下。也指出佛教有這些特性，他們談到一項命題——「佛教是分別的教理」（sāsanaṃ vibhajjavādo），倘若用這個命題來檢討釋尊的教法，可見是很難否定的事實。

因為釋尊主要靠觀察與分析，對這個世界與人生思索出一套知的作業。他用透徹的觀察，如實知見，便是指這種情況，用週詳的分析把對象區分為諸項要素，也是指這種情形。尤其，我們不能忘記在人的觀察與分析方面，釋尊那套知的作業極為精緻細膩。

例如，佛教有一個「五蘊」的名詞，「蘊」這個字我們平時難得一見，它本來譯自khandha或skandha字，意指被分開的部份或要素。換句話說，把人分析成若干個組織要素，結果，釋尊把人分成五個部門，即「五蘊」是也，這正是釋尊分析人的方式。

他先把人分為物質要素與精神要素，之後又把物質要素分開成四個部份。色（rūpa）是物質要素，即人的肉體部分；受（vedanā）是感覺；想（saññā），是表象；行（saṅkhāra）係指快與不快，以及因此引起的衝動；識（viññāṇa）是意識的運作，全部合成五部份。另外，釋尊對於所謂永恆的靈魂或自我，倒不去固定，只以為那是五個部份的流動性結合，和推移中的存在。

這就是後來佛教樂於談論的課題——人只不過是五蘊假和合，殊不知這項課題的思想也淵源於五蘊。

註一、**五蘊假和合**—組成人與世界的五種要素，以人為首的所有事物，都是在一定條件下由五蘊暫時結合而成的。

再如佛教的常用術語——「六根」或「六處」，也是釋尊仔細觀察以後，對人類所做的分析。六根是六個感官——眼、耳、鼻、舌、身和意；六處是譯自salayatana字，六個感覺器官分別接觸六個對象，而形成一種認識的場，便叫做六處。

總之，這個名詞意謂六觸處。顧名思義，這些名詞是以人為認識的主體，涉及各個對象與方法，之後組成六個感官與六個對象，再成立色、聲、香、味、觸、法等六境。最重要的是，依釋尊看來，所謂萬物的存在，就是類似這種「除了認識此外，什麼都沒有」。

根據『雜阿含經』的「生聞一切」所說，釋尊在這方面有以下一段敍述。

那年，釋尊住在祇園精舍，有一天，釋尊把衆比丘叫過來，說道：

「諸位比丘呵，我要給你們談談一切這個問題……」

之後，釋尊接著說：

註二、除了認識以外，什麼都沒有——有人主張世界是物質的獨自存在，但依佛教看來，這是不對的，這跟近代自然科學的構想不同，問題倒不是對錯或觀念論的批判……。

「諸位比丘呵！什麼能夠構成一切呢？那就是眼、色、耳、聲、鼻、香、舌、味、身、觸、意、法。諸位比丘呵！這可以取名為一切。

諸位比丘呵！如果有人說：『除了這一切以外，我還要說其他一切』，這只是說說而已，再也不能答覆別人的詢問，只會使人陷入苦境，為什麼呢？諸位比丘呵，因為這是無聊的問題。」

這是一部極短的經文，自古以來幾乎很少人會注意到它。不過，我倒想研究它。乍見之下，這段認識論極為簡樸，但是，從此可以看出釋尊對於人的認識與結構了解得很徹底，思考存在與人類的關係也很周嚴，不愧為一位偉大的思想家，值得讚嘆，也值得擊掌。

再說十二支緣起也是釋尊分析人的方法之一。

根據『自說經』上說，釋尊坐在菩提樹下成就正覺以後，沒有馬上離開，仍然坐在樹下繼續思索。當他在思索時，最先想到的是，怎樣把自己大徹大悟的內涵——緣起觀——綜合起來？結果，他歸納在以下的命題裡。

註三、**十二支緣起**——人到底為什麼會這樣苦惱呢？十二緣起就是一套解說苦惱發生的教說，十二支意謂苦惱結構中有十二項因素——無明、行、識、名色、六入、觸、受、愛、取、有、生、和老死。

這是祇園的遺跡，釋尊在這裡渡過比較多次的雨安居。

「此有故彼有，
此生故彼生；
此無故彼無，
此滅故彼滅。」

我把這個叫做「緣起公式」。因為他以後所思索的課題都離不開這個公式。

他所以去出家，也就是為了解決生、老、病、死的課題。這些不妨簡稱為老死。若要再簡化，就是一個苦字，他依據這項「緣起公式」所得到的答案，也就是這個苦字。根據相應部經典的「大釋迦牟尼瞿曇」（雜阿含經的「佛縛」）記載，內容如下：

諸位比丘呵！當我還是一名修行人，尚未成就正覺以前，一心一意這樣思考。

我們活在世間的確很苦惱。生、老、病、死、再出生也不知怎樣解脫苦惱？更不知怎樣脫離老死。我一直想知道何時才能脫

註四、苦─佛教以為人生是苦海，而生活的最大目的是怎樣脫離苦海？四諦中有苦諦，提到人生有八苦。

離這些苦惱，也就是脫離老死的苦痛呢？

諸位比丘呵！有時候，我這樣思考過——

由於某種原因才會有老死，那麼，到底什麼因緣促成老死呢？

諸位比丘呵！當時，我靠正確的思惟與智慧才得到解決，那就是因為有生，才會有老死，老死緣起於生也。

依此順序推論下去，結果，他發現「由於無明，才會有行」，從此衍生一套緣起關係的連鎖，也就是十二因緣法——識、名色、六入、觸、受、愛、取、有、生和老死。依據這個又可以論理式地追求苦惱人生的「生起條件」。

分析（analysis）也不能一直把對象分隔得支離破碎，以前，亞理士多德（Aristotelês,B.C.三八四—三二二年）曾予分析下過定義，他說分析方法是：「從此整體的存在中找出一條限定之道」。若更直截了當地說，就是把問題單純化，掌握它的本質。眼前的對象始終呈現「混沌的整體」。一直觀察和分隔它的諸項要素。之後，從其中捨象偶然的要素，再將本質的東西抽象化。同時，把本質諸項要素之間的關係明朗化，這即是分析法。

所以，觀察自然有分析，而分析也當然會碰到觀察。分析自然會演變到抽象，而抽象也一定會碰到分析。抽象是一種選擇本質事物的作業，反之，捨象是選擇偶然事物的捨棄作業。諸如此事，在佛教的舊名詞裡也說得明白。

例如，佛教名詞的「觀」（vidarśana），意指「分開看」，其間含有分析在內。還有「分別」這個名詞常常跟「沙汰」連接。沙汰是指淘金，從沙石裡找出金子，譬喻為抽象、捨象的意思。

現在，不妨再看一下釋尊的教理，可見這些都依靠緣起法造成的：「看到緣起，即等於看到法；看到法便等於看到緣起。」釋尊的法便是這種法。任何事物的存在，必有它生起的條件，任何事物的消滅，起因於那些條件的消滅。不論碰到任何事物，若想處理得很圓滿，首先一定要掌握它的生起條件。

今天，一群自然科學家以物質為研究對象，為了要徹底理解物質，無不努力用觀察和分析法去掌握物質的條件。

同樣地，釋尊以人類為研究對象，為了要使人類活得更幸福，更

註五、**生起的條件**—十二緣起的各項因素，都是前者為後者所生起的原因。因為人活在世間，才難免有老死。

圓滿，首先要觀察和分析人類，並努力掌握各種有關人的條件。那麼，人的身心結構是什麼呢？為了找尋這個答案，便生起「五蘊」的想法。到底有那些條件涉及到人類這種對象呢？為了找尋答案，也產生了「六處」的想法。

之後，到底什麼條件讓人陷入苦境呢？再三追究這些條件，結果，發現無明導致生死，這段過程就是十二緣起的系列。

由此可見，釋尊的教法屬於「分別的教法」，而這套思想與實踐體系，又係依據緣起法則的必然結果。當時的人要理解分別的教法，可不那麼簡單。

關於這一點，我們有必要詳述一下。

繁瑣哲學的時代

在人類的精神史上，分析思惟開始熱絡的時代，似乎不是很久以前。在這方面，西方以古希臘人，而東方以印度雅利安人扮演過比較進步的角色。

釋尊出世的時代，適值中印度的思想發達，而我們所謂「釋尊時代」，其實也是印度雅利安人開始炒熱分析思惟的時代。

現在，我們無意深究這一部份，而只想探討這種趨勢，例如，說明六師外道與同時代思想家的情況，因為前者跟釋尊的生長時代相同。所謂六師，就是當時紛紛出籠的一大群思想家裡，有六位思想家比較有代表性。在佛經裡經常可見他們的姓名與教說。讀到這群思想家的活動，難免令人聯想到希臘的詭辯學派（Sophistai），和中國春秋時代的諸子百家，在他們之間，早已經有了相當熱絡和發達的分析思惟。

例如，有一位思想家叫做阿耆多翅舍欽婆羅（Ajita Kesakamb-

註一、**繁瑣**—指中世紀的歐洲繁瑣哲學，意謂形式與繁瑣的事物。

註二、**印度雅利安**—紀元前十三世紀末期，有一支歐洲系統的民族入侵印度。他們征服印度的原住民，並形成一套自己的文化，彷彿印度原住民的宗教以吠陀為代表。他們今天在印度社會也保持統治地位。

註三、**詭辯學派**—希臘字sophiste的複數形，原意指「賢人」或「精通某事的人」。也意味紀元前五世紀左右的哲學家或思想家。之後轉化為惡意，即詭辯之徒也。

註四、諸子百家—中國戰國時代的人才輩出，各類思想家的總稱，例如孟子、荀子、墨子、韓非子、老子……。

ala），分析存在與人，結果認為它不外「四大」（cattāro mahābhūta）——地、水、火、風等四種物質要素而已，藉此指出人的生活方式。經典上常叫他「順世外道」（Lokāyata），意指他是快樂主義者。反之，另一位思想家名叫婆浮陀伽旃那（Pakudha kaccāyana），同樣分析存在與人，除了含有地、水、火、風等四種物質要素以外，又有樂、苦、靈魂等三種精神要素，合稱為「七身」（sattakāya）。而且，這七項要素是獨立不動的東西，他藉此導出一項結論——靈魂與自我不滅。誠如他說：「倘若有人用劍砍掉他的頭，那把劍也只不過通過七項要素的間隙罷了，殺人也傷不到人的生命。」他倡導安心立命的人生觀。這一點在長阿含經的『沙門果經』上提到過了。

諸如此類的分析思惟，雖然萌芽於上述一群新思想家的主張，殊不知早期的婆羅門教（Brahmanism）思想家們也早有這種思想了。

無如，對於當時一般人來說，釋尊的「分別教法」無疑聞所未聞，且充滿著魅力。其實，這套分別教理對於現代人也是想像不到，既驚奇又有吸引力的。再從反面說，這種分析思惟對於當時的芸芸衆生是多麼難以接受，這一點也是我們今天難以想像的事。不，不是一般人而已，甚至許多佛陀弟子投身在教團裡，也僅有少數人能夠領悟自由分析的思惟。

誠如上述歐爾登見克在『佛陀』一書裡，曾經指出真正理解釋尊那套教理的人，幾乎只限於智力卓越的少數年輕人而已。我們耳熟能詳的佛陀十大弟子，便是其中的青年才俊。在選擇的標準方面，有所謂智慧超群，實踐最佳，或說法優越，各方面都給他們一種尊稱，例如「智慧第一」、「頭陀第一」或「說法第一」。不消說，其中有兩個人在分析思惟方面領袖群倫，一位是舍利弗稱為「智慧第一」，另一位是大迦旃延稱為「論議第一」。

關於舍利弗的事蹟，知曉的人比較多。在許多舊經典上都經常記載他是相當聰明的人，稱呼他「智慧第一」再適合不過了。但是，他到底有多聰明呢?依照經典記載，他時常代替釋尊向那些新進的佛弟子們講解佛陀的教法，而那些也成了經典傳承下來。我們拜讀它的內容時，果然發現他的解說不同凡響，在分析思惟方面有卓越的跡象。總之，我們明白「智慧第一」，其實等於「分別第一」的意思。

註五、**佛陀十大弟子**——釋尊在世時，有十位極能領悟教理，表現活躍的重要門徒。他們是舍利弗、目犍連、摩訶迦葉、阿那律、須菩提、富樓那、迦旃延、優波離、羅睺羅和阿難。

有關大迦旃延的事跡也許稍微陌生一些，稱他「論議第一」的意思，就是指他在分析思惟方面非常優秀。現在試舉一個例證，那是中部經典的「大迦旃延一夜賢者經」，也是漢譯中阿含經的「溫泉林天經」，其中記述他答應一名比丘朋友的央求，解釋「一夜賢者偈」的內容，並極力讚嘆釋尊。

原來，他跟隨師尊到了摩揭陀國的首都王舍城，住在該城南郊溫泉林的精舍裡。某日，有一位名叫三彌提的比丘向他請教「一夜賢者偈」，他便藉此解說一番，那就是當時街頭巷尾傳誦不止卻又聽不懂的偈語，詳情如下：

不必追回過去的東西
不祈求向未來到的東西
過去的東西已經被丟棄
而未來的又還沒有來到，
所以，只有掌握現在，仔細觀察眼前的存在，
既不搖擺，也不動盪，

必須觀察和實踐，
只有努力做今天該做的事，
誰也不知道明天會不會死？
沒錯，誰都會碰到死亡
凡能這樣觀照的人，就會聚精會神，不分晝夜去實踐，
這就叫做一夜賢者，
也叫做心能鎮定的人。

這樣解釋跟釋尊的說法不衝突，佛陀也拿來向弟子們解說，此事在諸經裡屢見不鮮。但是，「溫泉林天經」的內容是大迦旃延向一位比丘朋友解說的。

他首先解說第一句：「不必追回過去的東西」，這一點在經典上這樣記載——

朋友呵！追回往事是怎麼回事呢？彷彿眼睛盯著已經完全消失的境界，於是，其間有一種意識受縛於欲貪。因為意識受縛於

欲貪，才會喜歡它。因為喜歡才會追尋過去。朋友呵，追回往事就是這種情形。

朋友呵！不追尋過去又是怎麼回事呢？彷佛眼睛不盯住已經消失的境界，於是，其間有一種意識不受縛於欲貪。因為意識不受縛於欲貪，才不會喜歡它，因為不喜歡它，才不會追尋過去。朋友呵，不追尋過去便是這種情形。

讀到這裡，也許大家早已厭煩了。不過，他的解說仍然得從第一句開始。之後，他又同樣反覆說明耳、鼻、舌、身和意等方面。他把「六處」的每一項詳加解說，這樣的確繁瑣極了。我也沒有勇氣把整個說出來，只取出一項，便可以看出全貌了。然而初期的佛教教團卻很重視這樣極縝密的分析說明，反而不以為繁瑣，稱這個為「分別」或「論議」，頗有讚嘆之意。

釋尊在世的時候，身邊一大群佛弟子裡，最擅長這種分析思惟的人，就是舍利弗和大迦旃延。據說他們頗有分析思惟的頭腦，也經常在這方面下工夫，有時為同修們講解，頗受釋尊的稱許。當然，釋尊門下也不乏聰明絕頂的人，不過，這種例證固然不能說罕見，到底也不是比比皆是。大部份的佛弟子似乎只能竭力受持，接受和記憶釋尊分析和思惟出來的結果而已。釋尊把人分成五種組成要素，這個叫做「五蘊」。

佛弟子們只能唯唯是諾的記憶下來。釋尊用分析的觀點觀察認識的成立，之後建立六個感官與六個對象的關係，這個叫做「六處」。於是，佛弟子們便原原本本地受持、歸納和記憶下來。接著，釋尊窮追人生苦惱的根源，然後歸納成十二支生起的條件系列。這個叫做「十二支緣起」。佛弟子聽聞釋尊反覆說明，並在記憶中確立起來，這樣用功的佛弟子也不在少數。

依照初期佛經的記載，釋尊有時也嚐試盤問徒衆，聽聽他們能不能正確記住自己的教法?由經典的記載發現佛弟子始終都能以定型的句子回答。不過，釋尊有時也以應用問題的方式來詢問徒衆。在這種情狀下，許多比丘都回答不出來，一直央求釋尊教誨。例如相應部經的「我」，即是漢譯雜阿含經的「有我」篇，有一段這樣的記載。

那年，釋尊住在祇林精舍，有一天，釋尊忽然呼叫徒衆前來詢問了。

「諸位比丘呵，到底有什麼呢？執著什麼？貪愛什麼？才會生起我見呢？」

這就是有關「五蘊」應用問題。儘管如此，被問話的徒衆依然答不出來，只好央求師尊教誨了。

「大德呵！世尊是我們的法的根本，懇求您給我們說明這些問題吧!?」

意謂自己不懂，才祈求釋尊指導，這一來，釋尊只好解答問題了。

「諸位比丘呵，這是因為有色，因為執著色，因為貪愛色，才會生起我見。又因為有受，有想、有行、又有識，同時執著，和貪愛它，才會生起我見。」

佛弟子們聽了才牢記這些教誨。殊不知一旦變成應用問題，就很不好破解了。我對於這一點蠻有興趣。

在佛教的舊術語裡，有所謂「名目、法數」等名詞。回想自己當初學佛時代，老師也要我先得記住名目和法數。名目是指佛教的術語或名詞，而法數是用數來表示這些術語的東西。若要學習一種思想與實踐體系，當然得明白它的術語或名詞。不過，佛教術語經常歸納在數裡表示出來。例如，三毒、四諦、五蘊、六處、七覺支、八正道和十二緣起等。諸如此類都足以證明佛教屬於「分別的教理」。

再說佛教徒若只熱衷於記憶這些名目，計算這些法數的話，結果會怎樣呢？當然，我絕對無意說初期的佛教徒，都是這一類人，不過，誰都不能否認其間有個陷阱，足以警惕那些依賴分析思惟去追求「智慧之道」的人。

倘若這樣的話，難怪後來的大乘佛教徒會對執著傳統的做法不滿意，才會主張新佛教的途徑，因為傳統佛教只知埋首於名目和法數的繁瑣裡，反而失去了學佛的目的。

註六、**三毒**—三種煩惱。因為煩惱會害人，故用毒來譬喻。那就是貪、瞋、癡三種毒了。

註七、**七覺支**—有助於覺悟的七項目。選擇正確的教法，再依此教法摒除雜念，精進修行，才能在生活中得到歡喜。那七個項目是指擇法，精進、喜輕安、捨、定和念。

「諸法受制於意」

佛教徒耳熟能詳『法句經』的首品叫做「雙品」，從第一偈到第二十偈都由雙偈組合，最前面的雙偈是這樣——

一切事都以心為前導，以心為主使，
也由心所作成。
假使有人用污穢的心說話，或行動，
苦惱便會跟隨他，
彷彿輓車的牛，車輪隨足蹄。
（第一偈）

一切事都以心為前導，以心為主使，
也由心所作成。
假使有人用清淨的心說話，或行動，

註一、雙偈—偈是詩句的意思，譯自梵文字。印度的詩是兩行為一組，表示歸納之意。雙偈即是兩行一組的詩。

音樂便會跟隨他，
如影隨形。
（第二偈）

這兩首詩偈的意思，不必註釋也能懂得。意謂凡事都由人的心意來指引。所以，若以污穢心意說話、行動的話。結果一定會陷入苦惱。情狀彷佛牛馬拖車，車輪必隨牛馬的腳跡。倘若用清淨的心意說話或行動的話，結果一定會陷入樂境。情狀如影隨形，不會相離。

如果仔細研究，不難發覺第一首偈是賈庫巴拉比丘的歌詞，而第二首偈是在家居士瑪達大利的東西。兩者雖然都不是釋尊的說法，然而，他們所以能說出這些詩偈，無疑都出自於釋尊的教導，而且一點兒也不離佛法。

佛教徒很清楚人有思惟、言語和行為，稱為身、口、意三業，而在這業裡又以那一項為主導呢？或者說三業中以誰爲首腦呢？乍聽下，大家見仁見智，但釋尊的答覆是以意為主，應該由心意來指導。由此可見這即是「智慧之道」，也代表教主的明確立場了。我的意思是

註二、**在家居士**—在家是出家的相反，意指俗人皈依佛教，成了在家佛教徒。居士的原意是富家或資產家（佛教徒），後來單指在家男性佛教徒（伏婆塞），與居士意思相同。

註三、**身口意三業**—「身」指身體，「口」指語言，「意」指思考，「業」

指行為或行動。想要幹某件事，即是「意業」；把想法付諸行動，便等於「身業」；若用言語說出來等於「口業」。

『法句經』開頭兩首詩偈給了我很深刻的印象。

然而，人的心在運作時，又會跟智、情、意分開來。若套用現代的一句術語，就等於理性、感情和意志。難免有人會問，在這三項當中，釋尊最重視那一項呢？不消說，他最重視理性。不，在釋尊的思想與實踐體系裡，似乎沒有用分析方法，把人的心分成以上三個部份來思考。

在這方面，他的思考方法是最流動的，不過，我提到小乘佛教與大乘佛教之間有些問題存在，其中第五項是「理性與感情問題」。這種問題的成立也沒有特別理由。世間的宗教，經常讓感情扮演重大的角色。在佛教方面亦不例外，到了大乘佛教時代，這種傾向更明顯了，反之，釋尊的思考方法卻很重視理性。這裡值得注意的是，若用對照的觀點探討初期佛教與大乘佛教間的問題時，那正是理性與感情之間的問題。

關於這一點，我很早就注意到一段經文，即相應部經的「箭」，（漢譯雜阿含經的「箭」），那是釋尊與徒衆的問答。

當時，釋尊住在祇陀精舍，有一天，把一群比丘叫過來，提出一項問題詢問他們。

「諸位比丘呵，尚未聽到我的教法的人，也能得到樂受、苦受和非苦非樂受，還有已經聽過我的教法的人，也能得到樂受、苦受和非苦非樂受。

諸位比丘呵，這一來，不知已經聽過我的教法的人，跟尚未聽到我的教法的人之間，差別在那裡呢？」

當然，這也是應用問題。可惜，那群比丘們也回答不出來。他們只好央求釋尊作答了。

「大德呵，我們的法是以世尊為根本，所以，懇求您給我們說明好嗎？」

這一來，釋尊只好說明了。根據經文記載，情況如下：

「諸位比丘呵，尚未聽到我的教法的人，一旦遭到苦受時，便會憂愁、疲憊、悲傷、捶胸哭叫，而不知節制和復原。他們有兩種感受，一種是身受，另一種是心受。諸位比丘呵，這情形彷彿被第一支箭射中，接著又被第二支箭射中一樣。」

這是尚未聽到釋尊的教法的人，對自己感情的處理方式。於是，釋尊開始給他們詳述了。他們倘若遇到什麼苦惱，心中先會生起不愉快的感情，和拒否的情緒，而這種感情會一直控制他們不放，這一來，他們又會憂愁、悲傷、捶胸哭泣，陷入無法復原的狀況。

釋尊又說樂受的情形亦然，他們倘若遇到什麼快樂，心中先會生起愉快的感情和熱烈的愛情，而這感情也會一直控制他們不放。無奈，花無百日好，再美麗的鮮花也會迅速凋落，心愛的人終究會離開的。執迷樂受的人會一直在苦受裡。因此，他們又會憂愁、悲傷、捶胸哭泣，不知怎麼辦才好？

所謂「受」這個佛學術語，會讓現代人聽來不太喜歡。它所指的狀況跟現代心理的分析方式稍微不同。根（感官）會透過本身接觸的對象而生出知覺，這個即是「受」，佛教有一句老話說：「因為有領受才能叫做受」，正是如此情況。這一來便有感情陪伴著。所謂苦受，或樂受，就是這個緣故。由此可見這部經典記載的重點，即釋尊解釋的焦點，就是感情的處理。

我想，任誰看見美麗的鮮花都會忍不住心曠神怡，倘若眼睛被矇住也都會苦惱才對。僅就這方面來說，即使他是標準佛教徒，也與一般感受一樣。

雖然，世間也有些佛教徒彷彿「枯木寒巖」，沒什麼感受性格，殊不知那是極大的錯誤。毋寧說，真相完全相反才對。

依我看，釋尊這個人的敏銳與微妙的感受性非比尋常，而且，他的徒衆也不乏青年才俊，感受性格十分卓越。倘若缺乏敏銳的感受性，他們顯然不會走上這條修行之路。若像鈍感的木頭或石塊，顯然跟修行之路太無緣了。

無如，他們乍聞釋尊的教法之後，要知道這種感情如何生起，又如何消滅呢？而且會伴隨怎樣的災禍？結果要怎樣避免才好？縱使他們遭到苦受，也會因此打消不愉快的念頭，甚至不會一直受制於不愉快的念頭。因為不會受制於不愉快，結果才不致苦惱和錯亂。

相反地，縱使遇到樂受，也不致於縱情肆慾、得意忘形，更不會愛染不捨。因為不會愛染不捨，結果才不致於心煩意亂，苦惱萬狀。佛教徒跟一般俗人的差別便是這樣。如果藉用釋尊的話說，便如以下的情形。

「諸位比丘呵！這種情形彷彿被第一支箭射中，但就不會再被第二支箭射中一樣。

同樣地，諸位比丘呵，凡是聽過我的教法的徒衆，即使遇到苦受，照樣不會憂慮、疲憊、悲傷或捶胸痛哭，甚至不知所措。他們只會感覺一種受，那是屬於身體的受，而不屬於內心的受。

其間，也談感情處理方式。總之，這種處理方式就是靠理性處理感情。我是很容易動感情，或極易被感情所驅使的人，所以，每當我讀到釋尊對徒衆的教誡，感受便十分深切。尤其，教誡中有一句——即使被第一支箭射中，但就不會再被第二支箭射中——更刻劃在我的心版上。

感情是人類很重要的生活部份，如果打殺它，那麼，這種生活一定不會美滿。不，這是不可能的事。釋尊既不主張這種生活方式，自己也不曾過這種生活。他目睹美麗的鮮花也照樣覺得美麗，聞到花的香氣，也照樣會歡喜。涼風吹襲，他依然會心曠神怡，住在寂靜的森林裡，照樣享受心靜的樂趣。

然而，沈耽於感情，或受制於感情，甚至被感情一味打壓，可不是很美滿的生活方式。原因是，感情只不過是人生受動的運作罷了。原原「受」（vedanā）這個名詞說得很透徹。若遇外境的觸發，便原原本本地承受下來，讓身心處於極其自然的境界，就是感情了。這與歐洲語系的passion（激情）字原意「承受」相通。但是，只有依靠外境刺激而生存的東西，無異動物和植物的生存方式，可不是人類的生活態度。

人類對於外境的刺激，一方面是受動性，另一方面也必然是能動性，一面承受大自然的恩澤，也一面為大自然工作，把大自然調整得更圓滿。這才是人類最適宜的生存方式。至於理性的運作，也只有仰賴這種人生能動性的運作來指引了。

根據相應部經有篇「耕田」，即漢譯雜阿含經的「耕田」，曾提到釋尊自身的成就過程，好比農夫的耕作。原來，農夫把大自然的荒野耕改成良田，之後播種和除草，才能得到豐收；同樣地，佛教對於人生的栽培過程也彷彿農夫，先把人生的荒野開闢成良田。同時，播種除草，讓人享受豐富的日子，關於這一節，不妨把經典的韻文抄錄於下，以供讀者參考。

信心是我播下的種子，
智慧是我耕作的鋤頭，
制御身、口、意的惡業，
無異我在田裡除草。

雖然這是一首歌，殊不知「智慧是我耕作的鋤頭」這句話，讓我留下極深刻的印象。這就是理性的運作。其間，凡事皆由心意來主導，以心意為主，只有靠心意才能成立。由此可見，釋尊的宗教的確是很合理與純潔的宗教。但是，有人懷疑它愈純潔，不就愈有矛盾的空間嗎？

談到這裡，我不禁想起相應部經有一則「瞿低迦」，即漢譯雜阿含經的「求德」篇，曾經提到一名可憐弟子的故事。

那年，釋尊住在王舍城南郊的竹林精舍，剛好有一位名叫瞿低迦的佛迦弟子，也在附近的伊師耆利山裡精進修行。

依照經典上說：他能「精勤不放逸」，由於他滿懷信心，又很認真，終於進入解脫的心境了。誰知不知怎麼回事，不久，待他平靜一陣子，再度「不放逸地精進修行」，結果又證得解脫的心境了。誰知不久又退轉下來，這樣反覆六次，最後，他就舉劍自殺了，直到今天，許多人讀到這裡都忍不住替他痛心。

為什麼一個不放逸的精勤修行人，證悟之後仍然會退轉呢？理由何在？不禁讓人深思和懷疑了。

第四章

大乘佛教的基本特性

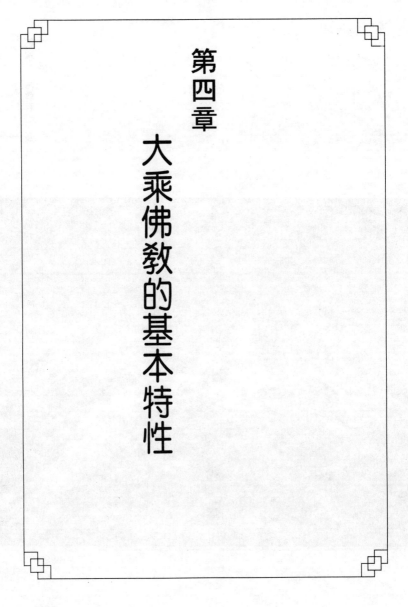

靈鷲山—釋尊說『法華經』的聖地。

根本佛教的限制

我的確夠嘍嗦，竟不厭其煩地談到根本佛教的特性。其實，根本佛教即是釋尊的教法。那是一種殊勝的教法，也是卓越的宗教。倘若有人問我，目前信仰什麽宗教？我必毫不躊躇地回答：「我皈依釋尊的教法。」不過，我現在要提到根本佛教的若干特性，而且一定要指出其間含有某種限制或矛盾。我這樣說絕不是來自我做學者的頑固性格……。

如能讓釋尊活在今天，那麽，釋尊一定能夠通行無阻地表明這種情形。因為釋尊自己透過緣起的理法，才悟出這條道理，再依靠它才成立那套思想與實踐體系。誠如上述，緣起就是——凡事都靠條件具足才能成立，而在這種世界裡，就不可能有絕對完全，和永遠不動的東西。原因是，諸行必須會無常。

我們必須要明白，在無知愚昧仍然矇蔽許多人的遠古時代，釋尊悟出這條「智慧之道」，在歷史上扮演的角色巨大得幾乎無以衡量。

因此，釋尊不斷招呼芸芸衆生說：

只有此道，能清淨知見，決無他道。
你們理應實踐這種道，
才能使魔王迷惑。

（『法句經』二七四偈）

但是，在那個時代真能徹底領悟這套思想，並能付諸實踐的人，仍然只限於極少數人。其實那也是沒辦法的事。倘若套用現代的話說，釋尊所指示的目標，只有依靠這條「智慧之道」，才能成就自我，或者確立自我。這個所以成為當時的巨大要求，早在該國的精神史上談得很明白。釋尊經常教誨徒衆說：

自己為自己的依皈，
他人怎可為依皈？
自己能抑制自己，

才是獲得了難得的依皈。

（『法句經』一六〇偈）

可惜，那個時代只有少數的精英才能領悟這個道理。這也是沒辦法的事。再說釋尊在這條「智慧之道」所領悟的方法，係以分析的思惟為中心。誠如上述，在那個時代的一群新思想家裡，分析法是很流行的方法論。由此可見，釋尊是當時一群新思想家的代表之一。然而，真正能自由運用這類分析思想的人，即使在釋尊的教團裡，也絕對不會有很多人。

因為釋尊所說的「分別教法」到最後始終不能大衆化，也一定是迫不得已的事。

寫到這裡，我憶起釋尊當初在菩提樹下大徹大悟，之後有過一陣子，猶豫是否要把覺悟的內容告知芸芸衆生呢？據說他有過以下一番考量。之後藉「梵天勸請」之名，才挺身出來弘揚自己開悟的內容，這段記載出自相應部經的「勸請」篇。內容是——

註、**梵天**—原是印度教所奉尊的神，乃神格化的宇宙萬物的根源。其護法神的位置，位於印度教宇宙觀之中的色界十七天下的第三號。

塔供養圖。序品。

「我現在悟出來的法，很奧妙、很難懂，只有極少數的賢者才能知曉。因為那些衆生只知沈溺慾望、享受慾望、縱情肆慾。他們根本不會明白這項法理。縱使我向大家再三說明，他們也不會明白的，若是如此，我將會徒勞無功的。」

當時，釋尊的心態顯然傾向於沈默。誰知過了一陣子，他一反沈默的的心態，毅然決然走上說法傳道的路子。這段經過在佛經上用「梵天勸請」的神話手法來描述。

我對這段經文很感興趣。他歷經一段漫長時間，才好不容易解決了自己耿耿於懷的課題，結果竟想要告訴大家。這即是說法或傳道的問題。不過，據說在他尚未徹底解決這項問題前，他的心態完全傾向沈默。原因如同上述，一般人實在很難了解他那一套內容。

不久，他一反沈默的想法，終於決心去弘法了。其間的經緯如同這部經文所說，因為有一位梵天出現，央求釋尊出來說法。那麼，用這段神話的手法來襯托，其背後的真相到底如何呢？我想，其間含有幾項事實。

第一是，任何人都不能永遠把思想內容放在自己心裡。誠如另一部經——相應部經的「恭敬」篇所透露。

第二是：「世間仍有些人眼睛被灰塵矇蔽比較少，他們只要有機會聽到妙法，也許亦能開悟？」

經典提到這一點，便用梵天勸請的話來表示。這一來，釋尊又再度觀察世間的衆生，發現果然有些人彷彿在蓮花池中的青蓮、紅蓮和白蓮；雖然生於汚泥裡，仍舊不受其汚染，鶴立雞群般突出水面，開出鮮花。於是，釋尊才踏上弘法和傳道的路，先組織僧伽集團，僅限於少數智力優秀的年輕人，這種現象其實也是常態。如果說釋尊的宗教，即根本佛教背負什麽限制的話，那也只有這項限制了。

現在，我們雖然知曉根本佛教背負這種限制和矛盾，又來逐一探討與吟味大乘佛教的主張，這正是把根本佛教當作「正」，才造成另一個「反」。

關於這一點，我曾在上面提出五個項目，而今我再列舉出來參考，那就是——

1、個人與大衆的問題。

2、分析與直觀的問題。
3、羅漢與菩薩的問題。
4、意識與無意識的問題。
5、理性與感情的問題。

那麼，在每一項目之後，不知大乘佛教徒想要怎樣批判小乘佛教呢？自己有什麼主張呢？若站在大乘佛教的立場上說，顯然會談到大乘佛教的基本特性了。

一切衆生必須成佛——

先談第一項個人與大衆的問題。我已經說過好幾次，根本佛教——釋尊的宗教所背負的最大限制和矛盾，就是只適合極少數人走的路。如果追根究柢其因，在於它是「智慧之道」。說得白話一些，那是智者的東西，而不是愚者的東西。這一來，凡是步上這條路的徒衆，都會聽從教法，專心造就自己，始終在這條路上前進。這是非常殊勝之事。

但是，另外有一條強力的「反」方向，那就是只顧自我成就，把廣大群衆捨棄不管嗎？意思是，所有衆生都必須要成佛作祖。或者說即使我自己能得救，也不會快樂的。佛教原來的旨趣，是建立在衆生平等的基礎上。事實上，只有少數青年才俊才能勝任或步入此道，這樣不是非常矛盾嗎？

大乘佛教不是一下子形成的，譬如溪流都先在山林間不聲不響地形成，才逐漸聚集成河流，然後形成巨浪穿過平原，以至變為江河流入大海。依我看，兩者的情狀很類似。

倘若追溯大乘佛教產生的源流，就得涉及第二結集的末期了。誠如上述，釋尊入滅後，佛教教團便產生保守派與進步派的不同意見了。其間，有一群進步派比丘的主張，通常都會被長老打壓，被看作「非法」，但是，他們不服裁決，便舉行大合誦（mahāsaṅghiti）的集會，另外成了大衆部（Mahāsamghika），這就是釋尊入滅後，佛教教團最先成立的支派。

由此可見，大乘終究脫離不了跟大衆部的關係。

不過，我們也無法很明白地指出大衆部系譜中的大乘佛教，到底在何時、由何人促成的呢？現在，我們所能指出的是，大體上，大乘佛教是由那群進步主義的比丘先引發，才在大衆部思想體系的息息相關中產生出來。

第二，早在紀元前二世紀到紀元後一世紀左右，先後完成若干極重要的大乘經典。從二世紀到三世紀，有一位龍樹菩薩（Nagarjuna，約一五〇—二五〇年）依據那些大乘經典，開展出一套卓越的思想活動，才使大乘佛教活躍的姿態呈現在佛教的舞台上。

那等於佛教界的「新波浪」，當然，這種新波浪不僅第一波而已，如果套用現代佛學者的話說，公元二、三世紀那陣大乘思想，屬於第一期的大乘佛教，之後在印度佛教裡也出現第二期的大乘佛教，和第三期的大乘佛教，如果說得再遠一些，中國和日本也有本國的佛教發展史。例如，日本的親鸞主張自己信奉的念佛教法：「淨土真宗是大乘中的至極」（『末燈鈔』第一書簡）。

總而言之，大乘佛教也有各個宗派，而每宗派都有自己供奉的經典，彼此都不相同。甚至各個時期和每項課題都不一樣。儘管這樣，

註一、龍樹—大乘佛教第一位著名的學僧，出生於南印度，曾以邏輯的觀點研究大乘佛教的教理，並將它整理成一套系統，奠定了後來大乘佛教的基礎。他的思想體系被後代人稱為中觀派，主要著作有『中頌』等。

所有大乘的宗派也有共識，他們都主張一切衆生皆能成佛作祖。這條道路不是個人專有或專利，而是一條大衆之道。如用一句佛教的老話說，無異「上求菩提」和「下化衆生」，兩者都不能疏忽。佛教不應該屬於少數人的路，只顧造就自我，它應該是廣大衆生之路，也是一條寬闊大道，或是一輛巨大乘載工具，可以運載廣大的群衆。他們所以稱自己的主張為大乘，就是無人不可乘載，人人都能載運。

那麼，這項主張怎樣才能實現呢？

有些大乘經典的內容，就是談到這方面的根據和保證。如衆所周知，這個根據就是「佛性」（buddhatva）一語。此字又譯作「覺性」，意謂開悟的性能，說得更具體些，便是成佛的可能性。那麼，人類統統都有這種性能，也就是有如此的可能性。在這方面，大家耳熟能詳的是「一切衆生，悉有佛經」。另外，還能讀到『大般涅槃經』的「師子吼菩薩品」上說：「如來常住，無有變易」。

『大般涅槃經』簡稱「涅槃經」，這部經有兩種，即小乘『涅槃經』和大乘『涅槃經』，這是從前的分類，但是，依今天的觀點看來，應該有三種才對。

註二、**衆生皆能成佛作祖**—小乘佛教主張人只有累積特殊的修行才能成佛，反之，大乘佛教認為連一草一木都有成佛的潛能或可能性，嵌入大乘這個術語的思想，便是大乘佛教的出發點。

註三、**佛性**—「性」字譯自梵文，原意指根源、原因和本質，佛性即能成佛的要素，大乘佛教主張所有的人都能成佛，在印度，這種思想不算主流，反而在中國和日本都以大乘教派為中心思想。

第一是南傳大藏經「長部經典」的『大般涅槃經』（Mahāparinibbana-sutanta），以及漢譯大藏經『長阿含經』上的『遊行經』，這些主要描述釋尊最後弘法的經過，以及圓寂的情狀，有些佛弟子回憶釋尊入涅槃前的若干事實。反之，所謂小乘『涅槃經』，就是東晉時代，法顯翻譯的『大般涅槃經』三卷，以及大乘的『涅槃經』——以北涼的曇無讖為主所翻譯的『大般涅槃經』四十卷。

每一部都藉著釋尊入涅槃，敍述他的教義內涵。但惟一不同的是，小乘『涅槃經』的重點放在四念處、四正勤、四如意足等實踐方面。反之，大乘『涅槃經』敍述重點在法身常住的預告，悉皆成佛的大理想，及其根據——「一切衆生，悉有佛性」的主張。

最近，我寫一本關於佛弟子的書，書名為『釋尊的弟子們』。從一九六九年的元月起動筆，共寫了二十七章，直到一九七一年三月才擱筆。其中，讓我感觸最深刻者有兩章——「愚蠢弟子」與「無名弟子」。誠如上述，釋尊的徒衆裡，以青年才俊為主，事實的確如此。不過，如要仔細檢查的話，倒也未必見得。曾幾何時，道元禪師說過：「在世的比丘未必個個都很卓越，其中也有難得一見的下根之輩」

註四、**南傳大藏經**—在錫蘭上座部傳承的大藏經，一直在泰國、緬甸、寮國等地流傳。英國早在一八八二年就計劃出版英譯本了。日本也有「南傳大藏經」的日文譯經。

註五、**四念處**—也叫做四念柱，意謂四種觀想法：①、是身體不淨，②、感受是苦，③、心是無常，④、法是無我。只要這四項浮在心頭，便有正確的認識。

註六、**四正勤**—也叫做四正斷，意指四種努力，①、除斷已生之惡，②、使未生之惡不生，③、使未生之善能生，④、使已生之善更加增長。

註七、**四如意足**—也叫做四神足。為了要獲得神通力，就得奠定四種基礎：①、慾神足，②、勤神足，③、心神足，④、觀神足。

。這句話出自道元語錄：『正法眼藏隨聞記』，那是懷奘記述的。因為我也曾注意到這件事，所以，在討論佛弟子的文章中，才想談談愚笨與無名的佛陀弟子。

「律藏」記述僧伽的作法和戒目規章，也談論它們成立的經緯。其間，不時提到一群佛弟子叫做「六群比丘」，他們表現很愚蠢。所謂「六群比丘」，依我看，也許是不特定多數的比丘們，藉他們愚蠢的行為因緣，才使釋尊有機會講解各項戒目與律儀。律藏是經常把這方面的事情歸納和記述下來。

一提到愚蠢的佛弟子，佛教徒馬上會想起那個周利槃特。如衆所周知，他的記性非常差勁，據說釋尊只教他四句詩偈，他居然費時四個月還記不起來。「長老偈經」上說：

因為我的進步遲緩，
所以大家都輕視我，
哥說要把我趕出去，
你現在回家去好啦。

註八、**下根**─根是指潛在能力，意謂佛教修行的才能與素質低劣。下根之輩不易修行成佛。

註九、**僧伽**─梵文字的音譯，指佛教的教團。在日本，僧係指僧侶，殊不知原意是僧衆的共同體。它跟佛、法並駕齊驅，合稱佛教的三寶。有了佛和教法，以及學習佛法，實踐佛理的僧衆共同體，才能成立佛教。

註十、**長老偈經**─即長老的詩句。聚集佛弟子的詩句經典。其間，赤裸裸吐露僧衆內心的苦惱，和信仰的喜悅，感人肺腑。

（五五七偈）

這時候，他站在精舍門邊，茫然若失，不知該怎麼辦？剛巧釋尊走出來，撫摸他的頭，拉著他的手回到精舍，在釋尊耐心的教誨下，終於如願完成出家的目的，這是一則膾炙人口的佛教故事。

倘若再仔細熟讀阿含經，便會深受它的感動，我們不難發覺釋尊的說法裡，不乏特地教導一群陌生比丘的內容。有些出家時日尚短，還不熟悉僧伽的規矩，才招致釋尊刻意的教誡。

有時候，一群比丘飯後聚集一起，熱衷於無聊閒談，釋尊一旦走進來，就馬上指責他們的行為不恰當。當我們讀到這類說法時，反而能比較對證，感受也更深刻。

當然，他們是一群默默無名的徒衆，後來也無須知曉他們的事情，不過，我也深信他們終究能如願完成出家的本懷。因為那些說法在釋尊圓寂以後的結集裡，經過檢驗對證，才以經的方式傳承到今天，讓我們能夠清楚地明白，這也要歸功於當時他們會把教誨歸納和收集起來。

總之，我們一聽到佛陀的徒衆時，腦海裡只以為他們都是智力卓越，忠誠實踐，事實上，釋尊的教團裡，諸如此類的人才齊集，堪稱高手如雲。倘若我們以為這個緣故，就誤解只有這類人才，才適合走這條路的話，那就對佛教太陌生了。

若要以事論事，不妨再讀道元禪師那本『正法眼藏隨聞記』的一段話：

「人人皆是法器，一定不是非器，可別這樣誤會。只要依行，就必能得證。只要有心，就會分別善惡；只要有手有腳，合掌步行，也都能學佛；若肯實踐佛法，則不在乎什麼人，反正世間的衆生都是很好的器量。」

倘若直截了當地說，那就是：「既不仰靠高才智慧，也不依賴聰明伶俐，才是真正在學道。」

談到大乘佛教各個宗派時，他們最重要的根據，便是一切衆生皆能成佛作祖：這一點誠如『大般涅槃經』所說—「一切衆生，悉有佛

註十一、**一切衆生悉有佛性**—不論人或動物，凡是生靈都有佛性，佛性即成佛的可能性與素質。

性」，或「草木國土，悉皆成佛」，至於保證方面，也有一句教示—「如來常住，無有變易」。小乘佛教被看作「個人之道」，反之大乘佛教主張「大衆之道」，就是以上述這幾句經文為代表性的論點。

常不輕菩薩的故事和長者窮子的譬喻

首先，我要靠『大般涅槃經』來探討大乘佛教「悉皆成佛」的偉大理想。不過，這倒不是說此部經典最先打出這一套理想，也不意謂它的內容有最廣泛的影響力。因此，我得先探究『妙法蓮華經』。為了要確立這一項主張，依我看，「一切衆生，悉有佛性」的確在扮演重大的角色。然而，這句話卻淵源於『大般涅槃經』因此，我才要依據這部經來談談它。

當然，『妙法蓮華經』也一定會談到這項信仰。但是，在表達或說明的方式上，卻跟『大般涅槃經』稍微不同，但有異曲同工之妙。

直截了當說來，『妙法蓮華經』的表達方式具有非凡的文學特性。其

註十二、**草木國土，悉皆成佛**—像草木、國土等沒有心的存在物，也全部都能成佛。這種思想比「一切衆生悉有佛性」更進步，天台宗很強調它，其實，涅槃上沒有這一句。

註一、**妙法蓮華經**—簡稱『法華經』，即正確教法的白蓮華。鳩摩羅什譯。這是一部古老佛經，可能出現在紀元前後，對於後世的佛教影響很大，尤其，被看作佛性思想的源流之一。

間運用豐富的譬喻與象徵，所以，在敍述上更為具體，而不是理論性質，這是該部經的特徵。正因為它說得很具體，才頗有動人心肺的功力。這部經典所以會有龐大的影響力，也許正是獨具的特徵所使然。

我不妨先舉出一項例證來說明，那就是第二十篇「常不輕菩薩品」，大意如下：

該品的主角叫做「常不輕」，這位菩薩的名號果然非比尋常。經典上也提到這個名稱的由來──「由於某種因緣，才取名常不輕」。這位菩薩放眼四顧，不論是比丘或比丘尼，也不論是優婆塞（在家男信徒）或優婆夷（女信徒），他都習慣向所有的人禮拜，口口聲聲讚嘆對方：「我很尊敬你們，不敢怠慢你們，因為你們都能行菩薩道，也能成佛作祖。」意謂大家以後都能成佛，才使我生起尊敬心。

這位菩薩不刻意或專心去讀經誦典，只知向人禮拜打揖，反覆讚嘆對方。據說他就是因為這種緣故才被稱為「常不輕」，一直不輕視對方的意見。

不料，大家聽到他的稱讚，也被他行禮作拜，卻不見得很歡喜，原因是他們不相信自己有這種潛能或本事，值得對方如此禮拜和稱讚

註二、**優婆塞**──梵文字的音譯。意指伺候者、服務者。在此指在家的男性佛教徒。

註三、**優婆夷**──梵文字的音譯。指在家的女性佛教徒。男僧、女僧、優婆塞和優婆夷總稱為四眾，才能組成佛教的教團（僧伽）。

。因此，他們反而心生憤怒，只要遇到這位常不輕菩薩，就忍不住破口大罵他太無聊，甚至還以杖木瓦石，讓他識趣。

儘管這樣，這位菩薩也跑到遠處大聲叫喊：「我絕不會輕視你，你仍能實行菩薩道，大家都能成佛。」正因為如此，才使這位菩薩能夠迅速成佛，證悟得道。

我非常喜歡這篇「常不輕菩薩品」，因為這是極不尋常的象徵性故事，藉此得到的象徵真使我感動極了。

第一、我得到一項啓示，因為尊敬別人是極不容易的事，說來很容易，真要落實可就十分困難了。這位菩薩被人破口大罵，甚至被人用棍杖瓦石報復仍不死心，當然這是象徵性地解釋這件事。即使在今天人人說要尊重人權，或尊重人格，但是，有多少人知道這是何等艱辛的事？我可是一直這樣思考。

第二，這位菩薩不管碰到多少苦難，仍在禮拜別人，讚嘆對方。依我看來，這表示他有相當依據，否則不可能如此。那麼，這項依據是什麼呢？那就是經典的旨趣藉著菩薩的嘴巴明確地說出來——「因為你們都能行菩薩道，可以成佛作祖」，或者說：「你們應該行道，

•上「右」是常不輕菩薩的受難圖，常不輕菩薩品。「左」法華經功德圖，藥王菩薩本事品。

•下是三車火宅圖，譬喻品。

一陣雨的滋潤，藥草喻品。

全都能成佛。」照這樣看來，凡被常不輕菩薩行禮讚嘆的人們，絕非僅僅有才能、有智力的人。若要向這一類人行禮，諒也不是難事，誰都能夠做得到。所以，這位菩薩既非向有才能有智力，也不是向靈活聰明之輩合掌禮拜，或用上述的話來讚嘆。

正因為這樣，他才會被人破口大罵，招來杖棍瓦石的回報。因爲對方做夢也想不到自己是値得被人這樣禮拜和讚嘆。一般人如果遇到過分的恭維，也決不會高興的。

不過，思考錯誤的人不是那位菩薩，卻是被讚嘆的對方。若套用『大般涅槃經』的話說，那是由於「一切衆生，悉有佛性」。或再藉用道元禪師那句老話：「一切衆生都是佛法之器，而決不是非器」。也許他們有善與惡的分別心，又因有手有腳，所以也不難合掌步行。只要具備這些條件，那麼，世間的衆生便全是器量了。可惜，他們都缺乏這種自覺。

關於這一點，「妙法蓮華經」的「信解品」裡，也採用「長者窮子」的譬喩，既巧妙又有力地解說出來。它的大意如下：

這則故事的主角是一個自幼離開父親，流浪異國，既無智力，又很放蕩的漢子。因為他離開家庭好多年了，其間，父親也曾經悲傷嘆息，派人到處打聽和找尋，不料，音訊全無，始終找不到兒子的下落。他失望之餘，只好返回故鄉，經營住宅業，生活非常豪華。雖然，日子過得舒服，但是由於惦記兒子的失蹤，內心也頗為苦惱。關於這一點，不妨引用經文來證明。

> 想到自己年老力衰，來日無多了。但是，我那個傻孩子卻離家出走，已經過了好多年。將來，我的財產要由誰來繼承呢？
>
> 不料，沒隔多久就發現那個傻孩子，一身狼狽地飄蕩到故鄉，挨家挨戶向人行乞，當然也走到自己的家門前來了。可惜，他完全不知道這座豪華住宅正是自己父親的住處，他目睹如此壯觀，反而相形見慚，惶惶恐恐地離開。

這時候，父親一眼看出他正是自己的愛兒，便命令僕人把他找回來，不過，父親瞧他那副窩囊相，覺得不便馬上表明彼此是父子關係。父親先吩咐他做些粗工，打掃糞便。雖然父親沒有說出來，但內心卻一直想訓練他能適應自己的地位，可以勝任未來繼承人的身份。所以，父親一面讓他幹粗活，一面不斷的勉勵和訓育他，使他逐漸適應義務工作、消除自卑感，希望有一天能正式扮演兒子的角色。

果然，那一天終於來到了，父親才正式說出彼此的父子關係，同時名正言順在親友、國王和鄉人面前介紹，他正是自己失蹤多年的兒子。這部經的結尾也指出：「佛也是這樣疼愛衆生」。

不消說，這則譬喻的目的也在說明：「一切衆生，悉有佛性」。可悲的是，芸芸衆生都莫名其妙，不知事實經緯。它在暗示佛與衆生，情同父子關係，縱使做兒子的人不知彼此為父子，然而，父親卻清楚得很，即使讓他幹粗活，也曾不斷勉勵和訓導他，希望把他培養成能夠勝任當兒子的身份。

而常不輕菩薩向人人作禮，並不斷稱讚：「你們全都能成佛。」顯然是勉勵和引導他們不要氣餒，想要他們適應有一天能真正做自己的兒子。

總之，大乘佛教主張一切衆生都會成佛，透過這則譬喻與象徵，具體地描述出來。這就是『大般涅槃經』的依據，因為它指出一切衆生都有佛性，即成佛的可能性。現在，『妙法蓮華經』用象徵故事，具體地描述，由於說得生動具體，才會如此感人肺腑。

佛法必須靠直觀方式來掌握

第二項是分析與直觀的問題。若藉用一句佛教的老話來說，就是分別與無分別的問題。

誠如上述，釋尊對於分析方法的活用，到了通行無阻的地步。初期的經典就是記載釋尊這方面的思想活動。在一群佛弟子裏，有些在分析思惟方面出乎其類，拔乎其萃，好像舍利弗和迦旃延等是。

由此看來，初期的佛教團體毫無疑問很重視分析方法。即使到了後代，那些上座部的人們也沿襲這項傳統，而紛紛主張：「佛教是分析的教法。」

相反地，我也指出另一種事實，就是一般人仍然不熟知分析的思惟。那時候，也有不少人不理會釋尊和他的高徒所成就的分析思惟，反而只會原原本本地記憶，完全埋首於名目的計算。我對於這方面也頗感興趣，例如，初期佛經群中有所謂增支部經典（Anguttara-nikāya），相常於漢譯的增一阿含經。不論「增支」或「增一」，都在表示數目，以一到十一的數字為基準，再來分類諸經，就是他們採用的編輯方式。這些可以證明他們依靠三個、五個等名目數量來運作記憶活動。雖然，我批評這種教法的討論方式，無異埋首於繁瑣的運作活動裡，然而，宗教的真正力量，倒不是出自這一群人裡面。

照理說，他們之中也有不少人會發現這種現象才對。這樣看來，大乘佛教主張佛法必須用直觀方式來掌握，正好形成初期佛教「反」的路線。

最先主張佛法必須用直觀掌握者，就是『般若經』。『般若經』的全名為般若波羅蜜經，敍述般若波羅蜜的旨趣，它有大部頭的經，就是玄奘翻譯的六百卷『大般若波羅蜜多經』，也有精簡的小經，就是只有二百五十九個字的『般若波羅蜜多心經』。其中，『大般若波羅蜜多經』是扣除『仁王般若經』和『般若波羅蜜多心經』以外，網羅所有般若經典編輯而來的成品。相反地，『般若波羅蜜多心經』是

註一、玄奘—六〇〇—六六四。唐朝的譯經僧人，他成為西遊記那位三藏法師的縮影。他走過絲路到印度研習唯識論。攜帶許多經典回國，後半生致力於佛經的翻譯，對於傳播和研究佛教的貢獻功不可沒。他的學系叫做法相宗，而他的譯作叫做新譯。

註二、鳩摩羅什—三四四—四一三。姚秦（後秦）時代一位譯經僧人。生於中亞的龜茲國。父親是印度人，母親為龜茲王的妹妹。用優美流利的漢文譯出不少大乘佛經。

鑒於大部頭經的內容浩翰，乃將它們的精髓歸納起來。其間，所謂「心」者，就是指心臟或核心，意謂本質的術語。現在，我想藉這個心來探討般若諸經的本質。

所謂『般若心經』，通常係指唐玄奘那本譯作——『般若波羅蜜多心經』，此外，仍有幾本以「心經」爲題名，還有些經典雖然不用「心經」之名，例如鳩摩羅什譯的『摩訶般若波羅蜜大明咒經』，內容幾乎跟唐玄奘的譯作同出一轍，依我看，也許他們都譯自同一册原本也說不定。但是，兩者也有若干主要差異。例如，玄奘譯作「觀自在菩薩」，而羅什譯作「觀世音菩薩」。還有玄奘譯作「五蘊」，而羅什譯作「五陰」。其所以如此，係因為前者為新譯的譯名，後者為舊譯的譯名，而原字完全相同。

誠如學者們所說，在中國漫長的譯經史上，鳩摩羅什無疑是舊譯，即唐玄奘以前所有譯經形式的最大集成者。反之，唐玄奘是新譯，即新譯經形式的主張者，若要比較雙方的特色，當然很有趣，可惜，我無意在這裡討論它，我只想馬上探討經典的內容。

某年，釋尊住在王舍城郊外的靈鷲山，身邊圍繞一大群比丘和菩

龍女成佛圖。提婆達多品。

薩。有一次，釋尊坐禪進入很深奧的三昧裏，幸好還有觀世音菩薩在場。據說這位菩薩實踐深妙的般若波羅蜜，觀照五蘊統統都是空性，結果才藉此脫離所有苦難。

於是，舍利弗向觀音菩薩作拜，並向他說：「若有人想要學習般若波羅蜜行的話，那該怎樣修行才好？」這時，菩薩便回答舍利弗的問話：「舍利弗呵！」以下的經文，即是觀音菩薩的答話內容。那麼，內容到底是些什麼？如果用異本『般若波羅蜜多心經』（罽賓國三藏般若共利言等譯）的話說，那就是「倘若善男子善女人行甚深般若波羅蜜多行時，應觀五蘊性空」。這樣一來，就會「心無罣礙，無罣礙故，無有恐怖，遠離一切顛倒、夢想、苦惱、究竟涅槃」。這裡必須注意的是，般若波羅蜜多是「大神咒」和「大明咒」。

誠如學者們所說，般若諸經的原初形態，在大乘諸經裡，可能成立得最早。這一點也能從簡短的『心經』敍述裡看得出端倪。其間，照樣用上阿含諸經屢見不鮮的名詞或術語。所謂「五蘊」（舊譯為五陰），所謂色、受、想、行、識……，所謂眼、耳、鼻、舌、身、意等之根，或色、聲、香、味、觸、法等（六境），甚至苦、集、滅、道等四諦……全都是釋尊利用自己最拿手的分析思惟產生的名目。

其中，有兩個名詞拿來扮演主角的角色，而它們在阿含部諸經都聞所未聞。那就是「般若波羅蜜多」和「空」（śūnya）這兩個術語。

「空」這個術語所指的存在姿態，跟釋尊常用「緣起」，「無常」、「無我」等術語所指的東西，絕對是一樣的。它就是不斷變化的東西，到處皆無實體，所以，連它所造成的人類也不能看作不變的「我」或有實體的「我」。

若套用一句佛教徒的老話，就是利用「法空」與「人空」等說法做分析式的討論。存在物是依靠所有條件（緣）組成的，只要條件消滅，那件東西便不能存在了。這就是「法空」。人也是這種存在物的一部份，情狀亦然。這就是「人空」。

諸如此類的事，早已被釋尊藉著緣起理法，或無常、無我的道理解說出來了。而今這些道理在這部經裏，用「照見五蘊皆空」這一句來解釋空字。從此得到的新東西，只有用法的直觀方式來掌握了。如果再用佛教一句老話說，它的不同在於將它解成「析空」、「體空」。初期佛教徒靠分析存在來觀察空的情狀，這就是析空。反之，在這

註三、**舊譯和新譯**—玄奘以前的譯作叫做舊譯，而以後叫做新譯。本文有固定形式，只有每個譯名不同。新譯雖然以忠實梵文原著，翻譯正確為標榜，殊不知卻被譯者任意加油添醋和顯著改變。

註四、**三昧**—梵文字的音譯，也譯作「定」這個專有名詞。意指精神統一、瞑想。通常用來表示極熱衷的情狀。

部經裡用直觀方式洞察存在物，以便掌握的情狀。這得用體空來解說了。

那麼，怎樣才能用直觀方式來掌握佛法呢？這點在實行「深般若波羅蜜」時要討論。現在，先說般若波羅蜜（多）到底是什麼？

「般若」（prajñā, paññā）就是指智慧或叡智這些名詞。在此，特別用來對照分析的智慧（vijñāna），意謂全體的掌握。換句話說，它來自直觀的智慧。結果，便附上「波羅蜜（多）」（pāramitā, pātmī）而造成一個字。因為它的字意是「完全」與「完成」，所以，只要套上直觀的智慧，那麼，就大概能往般若波羅蜜（多）這個字所指的方向去摸索了。

不過，這個本體倒也不容易用別的名詞來表達。於是，自古以來的譯經者只好把原字音譯出來，而寫成「般若波羅蜜（多）」了。

我說過當時一般印度人仍舊不熟悉分析思惟法。因此，釋尊發掘那套「智慧之道」便自然得背上某種限制了。所有的人若要走這條路來成佛證道，顯然困難重重，阻礙極多。

這一來，這部經的製作者就先以「反」的角色，提倡法的直觀掌

多寶塔出現圖。見寶塔品。

握方式。依我看，這也許是大乘佛教史上最早期的主張，即使在以後大乘佛教的變遷裏，也一直主張直觀法優於分析法，而這種現象直到今天仍舊如此。

新理想人的形象

現在，我必須談一下所謂菩薩這種新人的理想形象。他是在一切衆生皆能成佛的新浪潮下，所出現的新佛教人。

上述的菩薩就是Bodhisatta字的音譯——「菩提薩埵」，再簡稱為「菩薩」。這個名詞早在初期的經典中屢見不鮮了。例如，相應部經的「大釋迦牟尼瞿曇」，相當於漢譯雜阿含經的「佛縛」篇，裡面都提到釋尊曾對徒衆說：

「諸位比丘呵！我在正覺以前，也就是尚未完成正覺的菩薩時期，對於正念有過這樣的想法。」

由此可見，所謂菩薩，意指還在追求正覺的修行人，照這麼說，無異尚未證得佛果的人。

當大乘佛教拿出這個名詞描繪自己理想人物的形象時，他們倒無意要另外頂替這個名詞的含義。所以，菩薩依然指的是尚未到達究極境界的修行人。然而，他們居然藉用菩薩當做理想人物的形象，我對於這點極感興趣。寫到這裡，我不禁想起『法華經』第七的「化城諭品」了。

其間有一則譬喻說，這是一條艱險難行的道路，有一位首領率領一大群人，要經過這條路到一個藏寶物的地方。誰知他們走到中途，便覺得疲勞不堪，再也無力氣往前走了。他們紛紛表示：「前途還很遙遠，不如現在打退堂鼓算啦！」

這時候，這位首領馬上心生一計，活用方便，在半路上變化出一座城市，同時告訴大家：「大家打起精神來呀，那邊有一座大城，只要走進去，什麼都任你們享受。」他們得到這種鼓勵，果然使精疲力倦的人馬上振作起來，才走進那座城裡去。不料，首領目睹他們恢復精力，便實話實說：「我們還得要往前走，因為剛才那座城市是虛幻的，我們最後的目標還在前面。」反正這則譬喻的結論是，如來引導我們，彷彿這位首領率領一群人。

這則奇妙譬喻所暗示的焦點，不外怎樣理解佛教這條道路？乍見下，大家似乎以為這條道路就是凡夫聽聞教法、精進實踐，便能到達聖者的境界。其實，可不是單純的虛幻城而已。因為佛教這條「人的形成」之道，委實是一條無限之道。

我想起道元禪師的一句話：「道是無窮」，這則奇妙的譬喻似乎也這樣暗示我們。因為大乘佛徒所描繪的整個佛教架構，可說遠比原始佛教徒所描繪的大得太多了。

如衆所周知，天台大師智顗在『摩訶止觀』提到菩薩應造的業時，說過兩句話——「上求菩提」及「下化衆生」。倘若再用別的術語來說，可說等於自覺與覺他。意謂除了使自己開悟，還得去救渡其他芸芸衆生！這是所有佛教徒應該做的事。但有一個問題是，倘要自己先開悟，然後再去救渡別人的話，那麼，世人到底要在何時才能去救渡別人呢？因為這條道路無窮盡，果真到「上求菩提」的目的達到以後的話，那麼，那個時刻永遠不能來到呀！這一來，毋寧說，不是暫

註一、**天台大師智顗**—五三八—五九七。十八歲出家，先學禪觀，後來到天台山確立了天台教學。雖說他是天台宗第三祖，卻是實質上的開山祖師。他領悟法華經的精神，體會佛教深遠的思想，而確立了中國式的體系。著作有『法華玄義』、『摩訶止觀』、『小止觀』等。

註二、**摩訶止觀**—它跟『法華玄義』及『法華文句』並稱為天台大師智顗的三大部書之一。其間談到實踐方法，就是透過禪的實踐，到達宗教性的超脫境界，藉此充分活用天台的教義。日本佛學界很重視它，視同佛教哲學，而引起許多學者的註釋。

上：法師修行圖。普賢菩薩勸發品。

下：千載給仕圖。提婆達多品。

時把「上求菩提」放在一邊，先挺身出去「下化衆生」嗎?這是大乘佛教主張的一條新佛教徒的途徑。

佛教一向所說的理想人物是聖者，也就是阿羅漢（arhant）簡稱為羅漢，意譯為應供，而今天大乘佛教不再重視他，反而用菩薩來代替聖者，而菩薩是尚未到達究竟境界的修行人，但卻成了新佛教理想人物的形象了。

所以，在菩薩的理想背景下，除了存在一個無窮浩翰的佛教世界以外，也不能疏忽那兒洋溢著豐富與溫暖的人間感情。

大乘佛經描繪的菩薩形象，無疑形形色色，但是，這些菩薩們都有一項共識，那就是他們都有自己的「願」。走筆至此，剛好從我家門前傳來雲遊和尚一陣托鉢的誦經聲音，他說：

但願用這份功德，
遍及世間的一切，
我們與衆生，
都能成就佛道。

註三、願—願望、本願。先確立目標，希望去實現它。例如，阿彌陀佛還以法藏菩薩的身份修持菩薩行的時候，曾確立過四十八願，希望去救渡念佛的人。

這段經句正是上述『妙法蓮華經』第七「化城諭品」的願文，原文是這樣：

願以此功德　普及於一切
我等與衆生　皆共成佛道

還有一首願文是所有佛教徒耳熟能詳的「四弘誓願」，內容是這樣——

衆生無邊誓願度
煩惱無數誓願斷
法門無盡誓願學
佛道無上誓願成

這首原文雖然可在湛然和尙的『止觀大意』上出現，殊不知它的原來句型出在『心地觀經』卷七，由以下一節可以看出來。

註四、**四弘誓願**——這是菩薩擬定的四項誓願——救渡無數衆生，斷盡一切煩惱，學盡所有佛陀的教理，以至開悟。

註五、**湛然**——七一一—七八二。中興天台宗的祖師，最澄禪師從湛然禪師的弟子身上得知教理，才繼承湛然的思想。

註六、**止觀大意**——湛然的著作，一卷，概述智顗的摩訶止觀。

註七、**心地觀經**——大乘本生心地觀經。八卷，唐朝，般若譯。敍三昧（瞑想）修行的重要。

一切菩薩、都有四項願望、成就有情、住持三寶、縱使經歷大海劫，也始終不會退轉，結果成為四項，一要發誓度衆生，二要發誓斷一切煩惱，三要發誓學一切法門，四要發誓證一切佛果。

倘若仔細思考這四項誓願，便會發現結果都攝入「上求菩提」、「下化衆生」兩句話裡。「衆生雖然多得無窮盡，我也要發誓去救渡，正是「下化衆生」。「煩惱即使多得無窮盡，我也要發誓去了斷」。和下面兩項誓願，顯然屬於「上求菩提」的願望了。這裏也可發現「下化衆生」的願望放在「上求菩提」之上，這也是大衆佛教徒的願望。

這些誓願在總括來說，很抽象，也是概括性。芸芸衆生再多也發誓要救渡，願望很崇高，既籠統又不具體，例如，要怎樣救渡他們呢？幸好在各位菩薩的誓願裡，也都表明具體的方策，這叫做「別願」。係針對總合性「總願」的弊端而來。例如，藥師如來發過十二項大願，所謂「藥師十二願」是也。其中說得很清楚：

註八、**救渡**—拯救世間執迷苦惱的人，把他們從輪迴的苦海中救出來，再使他們到達覺悟的彼岸。

希望貧困沒有衣服的人能得到好衣服　（第十二願）

希望飢渴的衆生能得到好食物　（第十一願）

希望衆生遇到惡王和劫賊等難時能得解脫（第十願）

希望衆生能除去各種病，身心安樂，證得無上菩提　（第七願）

這些都是『藥師瑠璃光如來本願功德經』的記載，如依照『無量壽經』的記載，那位阿彌陀佛尚在菩薩修行階段，就曾經立下四十八項誓願了，他的第十八願是這樣——

「即願十方衆生，若至心信欲生佛國，乃至發往生之十念，則悉得往生。」

還有上述「常不輕菩薩品」所說，雖然看不見他的誓願文字，但依我看來，那位菩薩唯一的願望，無疑在受領和實踐「常不輕」的行持。

誠如上述，那位菩薩跟其他懷有怠慢心的菩薩們不同，因為他不

註九、藥師瑠璃光如來本願功德經—簡稱為藥師經，玄奘譯。一卷，說明現世利益，勸人往生藥師如來的淨土。

註十、無量壽經—唐僧鎧譯，淨土三部經之一，淨土宗的根本聖典，說明阿彌陀佛的誓願，和極樂淨土的狀況，日本親鸞上人最重視它，認為它在描述淨土的實狀。

註十一、四十八誓願—阿彌陀佛尚在菩薩身份（法藏菩薩）的時代，立下這些願望，想救渡一切衆生。

病即消滅圖。
藥王菩薩本事品。

誦讀經典，只會看到人便行禮拜，和恭敬地稱讚對方：「我不會輕視你們，你們全都能成佛作祖」。不料，許多人聽了反而很生氣，破口大罵他，甚至拿棍子瓦石來打他、丟擲他；他逃避之後，仍然高聲地繼續稱讚對方。他的修行顯然僅止於這樣。於是，他不停地修行這種「常不輕」，據說後來也證到佛果了。

那麼，這位奇異的常不輕菩薩故事到底意謂著什麼？這就是告訴我們要尊重別人，不能一開口就談別人的是非，或罵人。若用佛教的話說，因為大家都有佛性，身內含有成佛的可能性呀——「一切眾生，悉有佛性」。這種事說來容易，但若以身體去力行，可就相當不簡單了。甚至要讓大家都能理解也沒那麼容易。然而，這位菩薩竟肯終其一生，不斷幹這種不可思議的行為，正是因為他已經領受其中的精義，以身體力行來當作唯一願望。這一來，也是他的別願，不妨說是他唯一的別願了。

總之，大乘經典描述菩薩們的作風和修行，形形色色，但是，這些菩薩們的形象跟上述阿羅漢到底差別在那裡呢？依我看，只有一點不同，就是菩薩們都懷著願望在修行佛道。

最令人感動的是，菩薩形象就是對世人有豐富和不可思議的感情，而這份感情或愛心全來自他們終身懷抱的願望。

意識下的自我問題

最後，我想探討意識與無意識，以及理性與感性的問題。談到這個問題時，首先回憶到相應部經的「瞿低迦」，即漢譯雜阿含經的「求德」篇，提到一名佛弟子的悲哀故事。

那部經的主角是一位叫做瞿低迦的比丘。他到伊師耆利山一個洞窟精進修行，那座山距離釋尊住的竹林精舍不太遠。依照經文所說，他「不放逸地精勤修行」，結果才好不容易到達解脫的心境。但是，不知怎地他又被煩惱層層包圍了，以致從解脫中退轉了。他只好再度修行，不懈不怠，結果又到達解脫了。誰知他再從解脫中退轉下來。這樣反覆了六次，他絕望之餘舉劍自殺了。

經文的內容的確令人痛心，而且不能忘懷。我自從讀完這段話後，怎麽也忘不了它。到底為何一個認真的修行人，仍然會不斷經歷退轉的情形呢？我一直在思索這件事。

那種強烈的體驗雖然不似瞿低迦那樣刻骨銘心，可是，任何人都難免心痛的，如果要追究什麽原因，結果是自我意識下的問題。

原來，自己內心裡有一個自己完全陌生的東西存在。在自己的心底下有一種東西盤踞著，連我們的理性與意志的手都摸不到它。它潛伏在深底，一直透過某種奇妙方法，操縱著我們的意志與行動，可是，人類的心底深處始終懷抱這樣陌生之物。

有時明明知曉「那件事情很好」，結果卻無法去實踐。反之，明知此事不該做。結果也在不知不覺中去做；有時明明知不能生氣，結果卻照樣生氣；有時明知要守戒不喝酒，結果照喝不誤，而且反覆出錯。而今那位瞿低迦比丘雖然不會縱情肆慾，精進修行，但也不斷退轉下來，反覆好幾次，追根究柢不外心底下存在一個妨害者的緣故。

由此看來，我們內心那個潛伏的妨害者，也是現代思想家們，試圖去解決的課題，那正是意識下的自我問題。這項課題也是一群自稱實存主義者的哲學路線。

此外，有些人想在精神分析的心理學領域中，用某些方法探求這項課題。這些學者和思想家處理這項課題時，理應不斷回顧大乘佛教徒的業績，看看其間有否什麼暗示才對，其實，這樣做一點兒也不奇怪。原因是，一群大乘佛教的思想家在早期便已經注意到這種意識下的自我問題，並有過驚人與精細的思索過程了。

那麼，大乘佛教徒到底為何會遇到這項問題，何以會深思過這項題目？一般人追問理由時，我們一定會思考到佛教徒在佛教史上如何批判自我的問題。

釋尊不可能對於盤踞自我深處的妨害者漠不關心。那時候，釋尊的教理經常表現一種特色，就是不斷往下挖掘問題，到達自我的深處，尋求解決的方法。現在，我不妨引證『法句經』兩首偈語來說明。

如樹根未受損而深固，
樹雖砍伐又再生；
愛慾的潛在力不斷除，
這種生死的苦也會再生。

註一、**實存主義**—這是哲學方面的主義，重視實際生存的人。可以莎特、亞斯帕斯、海德卡等人為代表，但也可稱為實存哲學。它跟基督教和無神論的實存主義不一樣。

註二、**大乘思想家**—指無著、世親等幾位瑜伽行唯識派的思想家。他們對確立佛教的哲學理論貢獻巨大。

法師守護圖。陀羅尼品。

愛慾奔流一切處，（三三八偈）
如蔓草發芽茂盛；
目睹這蔓草在生長，
用智慧斷其根源。（三四〇偈）

前句提到「砍伐樹根」，另一句教誨：「用智慧斷其根源。」這些都指出自己心底下的問題。但是，釋尊的思索仍然把意識上的問題加以調整而已。

不料，「用智慧斷其根源」卻談到它的反面。現在那個內心深處的妨害者，不一定是調整意識，或用智慧能夠處理得了。

關於這一點，後來的大乘思想家就採用阿賴耶（ālaya）這個名詞來表示這個意識下的自我的本體，結果，我覺得非常有趣。這個名詞早已散見在根本佛教的經典裡了，然而，大家倒沒有重視它的特殊意義，總以為它指慾望而已，一直淡然視之。後來，有些大乘思想家才把它規定為嚴密的術語，讓它在深層心理學方面獲得相當重視。倘若用心觀照這個語法的變化痕跡，便可看出根本佛教與大乘佛教對於自我意識深處的潛伏物，所表現的關心程度了。

我不妨從根本佛教的經典中找出一例，看它對於這個名詞的用法，例如，相應部經的「勸請」，即增一阿含經有一段梵天勸請的故事，內容是這樣：

釋尊坐在菩提樹下大徹大悟以後，仍然安住在附近的樹下，猶豫要不要把覺悟的內容告訴大家知曉呢？這時候，釋尊的思考無疑傾向否定方面，那段經文如下：

「我證得的法甚深微妙，難見難悟，超越思念的領域，只有極少數智者才能知悉，一般人只知縱情肆慾，貪圖慾望（阿賴耶），他們極難看見這種理路。」

釋尊不斷在這裡提到阿賴耶（慾望），一群大乘思想家以為這個名詞是同一意思，而沒有別的涵義，所以，他們不論何時談到阿賴耶，也都淡然處之，以為釋尊所指的阿賴耶仍然意味人的慾望或某種強烈的衝動罷了。

由於時代逐漸進步，大乘思想家開始採用同一個阿賴耶的名詞時，便嚴格規定它的內涵，正式確立為學術上的名詞了。詳情恕不在此贅述。又因學派不同，而影響到解釋上的差異，在此，我只想略談一下。

他們全都一樣，先把人類運作的認識作用區分成「八識」——身識、眼識、耳識、舌識、意識、鼻識、末那識和阿賴耶識。前面之識已被釋尊提出來了，他觀察過人的認識作用，然後確立為六處或六根。若套用佛教一句老話說，「譬如明鏡上各種色像」，六根指六種感覺器官，而它們都會被各個對象觸發以後，感受到一定的認識。但是，後來的大乘心理學派思想家再加上末那識與阿賴耶識兩種，才使我的興趣焦點放在後面的兩識了。

末那識（mano-vijñāna）的末，那是個很奇怪的名詞，它是個音譯字（manas），有「意」的意思，倘若譯作「意」，便跟第六識的意識相同了。因此，當年的註釋者為了兩者的區別，煞費一番苦心。今天，各種學問日新月異，便不會有太大困擾。直截了當地說，第六識彷彿第一到第五識一樣，被某種對象所觸發，依據對象才造成認識。這麼說，它是意識運作時的某種受動性的認識活動，古代註釋家便用「依主」一詞。意指對象為主體，而意識是藉它引起的認識作用。反之，第七識是指意識性的能動運作。古代註釋家採用「持業」這個名詞。意識由對象而引發的業。為了方便區別起見，中國譯經者只好音譯為末那識了。

譬如眼前有一朵紅花，意識仍然領受其對象的觸發，認定是單純的紅花。第六識的意識只指到這種程度的運作為止，然而，人類意識不只停在這個運作層次，還要進一步思索：這個是自己的所有物，或想佔為己有。第七識的末那識正是指這項意識活動。因此，若再套用古代註釋者的話，那無疑是「執著」的根本了。

那麼，人類怎會生起這種執著呢？如要追究它的產生所在，就一定要溯及第八識的阿賴耶識才行，而這也是那群大乘心理學派思想家所到達的地點。但是，他們思考的阿賴耶識是什麼東西呢？

它是最先形成諸識的根基。所有感覺、意識和自我思量等一切都要仰賴它才能存在。例如，草木會在適當時機萌芽，長出葉子，開花和結果。倘若把人也看成這個樣子，那麼，地上的運作無疑溯源於心，如果仔細追究，心在地下看不見的地方便藏有一顆會萌芽的種子。對於人類的諸識來說，阿賴耶識就是成就這些意識的根本活動。因此，他們稱它為種子識。

這些東西怎會存在我們的內部裡呢？我不妨用草木做譬喻來說明。誰都明白草木開花結果的運作，最後又會被暗藏在種子裡面。同樣地，在我們的感覺、意識和思量等方面的運作，以後又會加入阿賴耶識的形式裡，而阿賴耶識深藏在我們的內部。所以，我們又叫它為藏識。

諸如這種意識上與意識下的相互關係，就叫做種子生現行，現行薰種子。所謂現行，就是人類身、口、意在現實方面的運作，那是意識的行為，殊不知這種現行的產生，淵源於意識下的種子。同時，這顆種子又會在現行上薰習。所謂薰習，就好像衣服擁有香氣似地，身、口、意方面的善惡活動，會把自身的影響停在種子上面。

這樣一來，可知阿賴耶識的作用與形成，得力於一群大乘心理學派思想家的刻意追求和規制，這也許是人類最早期對意識下的自我展開學術的追求也說不定，它至今也仍有很高的學術價值，這樣說法一點也不過分。

大乘思想家追求的焦點所以會放在意識下的自我，不單單關心學術的追求而已，不消說，他們更大的關懷放在宗教的實踐方面。換句話說，怎樣完成修行佛道的目的，才是他們的主要企圖。

誠如上述，如果宏觀大乘佛教的宗教實踐，會發現它含有不少非理性的要素。密教真言秘密的行法也是這樣，淨土法門的稱名念佛亦不例外，禪宗只管打坐的行法也會有這類要素，大乘佛教攝入音樂、雕刻和繪畫，也是訴諸感情更甚於理性。當年釋尊所規定的實踐德目，無疑很清淨合理，相比之下，大乘佛教徒的作風幾乎相反。因此，有些學者認為大乘佛教的做法，等於再度恢復當初釋尊極力排除的古代迷妄，結果反而使佛教墮落了。

因為其間含有許多非理性的要素，才使原來清純理性的東西，被看作不純潔和非理性，事實上，倘若走錯一步，難保不使佛教馬上墮落，這也很令人擔心的。

但也別忘了大乘佛教所以要攝入這些非理性因素，原來目的不外想把人類形成的基礎確立在更深的地方。在自我意識下的深底，潛伏有自己完全陌生的東西。倘若置之不理，仍然讓它潛伏在那兒，即使自己「不會放逸，精進修行」，也難免會退轉下去。有時明知應該做這件事，結果怎麼也不能實踐，真是痛心疾首。有時明知不該做這件事，結果又忍不住去做，以至讓自己痛哭流涕。

那麼，我們要用什麼方法控制意識下所潛伏的東西呢？難道不能調整它嗎？思及至此，佛教就要再次展現智慧來取消這種非理性的東西了。

第五章
站在人的立場來思考

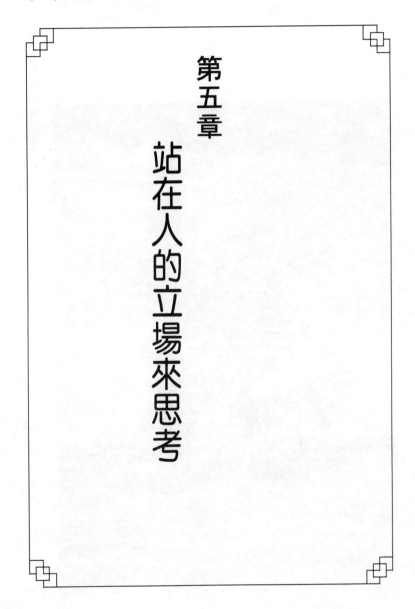

釋尊入滅之地。揭尸那揭羅。

怎樣面對新課題？

我已經談了不少話，尤其對於根本佛教的基本特性，和大乘佛教方面提出不少辯護。由此可見，這兩種佛教的類型處在「正」與「反」的關係中，它們也是「左」與「右」的關係。

正在面向右邊的人，不能同時向左邊。正在向東走的人，也不能同時朝西邊去。同理，熱衷於個人之道，只想成就自己的人，也不可能同時喜歡大衆。跟廣大群衆結合在一起。『經集』有則「犀角經」的歌是這樣：

要使群衆歡喜的人，
不能達到心解脫，
因為他們聽從佛的教誨，
彷佛犀牛角一般獨來獨往。
（第二〇偈）

這就是標準的阿羅漢之道，只會熱衷於自我的成就，也是初期佛教徒的氣質。後來，出現大乘佛教徒反而主張自己的解脫暫且放在一邊，應該先去救渡大衆，讓他們解脫才行。依他們看，縱使自己一人得到解脫，目睹大衆仍在苦惱中，也於心難安。

可見這兩種做法完全相互衝突。若一方面為正，那麼，另一方面非反不可。因此，一方面批評對方不合佛說，而他們也被貶稱：「小乘之輩無知」。雙方互相爭論和指責，而始終沒有融合的時期。這就是長期佛教史的真相。

上述各項也一樣，重視分析（分別）法，和高估直觀（無分別）法的雙方，也始終在爭論不休。重視理性跟訴諸感情的兩者，也始終不能在平行線上相會，總而言之，小乘佛教與大乘佛教之間，也不能出現會通或會釋的情狀。直到今天，佛教史證明了這個事實。因此，許多學者認為根本佛教與大乘佛教的會通等問題，不論如何爭論，也終究不會有結果的。

然而，我現在想再度把這個似乎無解的問題提出來，到底這方面有什麼成功的機率呢？我覺得面對這項課題，盼望談到結論之際，總得先描述這件事才行。

誠如上述，佛教的術語——「會通」一詞，是讓兩種相反的見解或概念相會疏通，促使它們歸納為一項意思。所謂「會釋」也幾乎是相同意思的名詞，把兩個不同教理與語句相提並論，再從中找尋相通之處，想包攝於毫無矛盾的新意思中的思想作業。

但在這種會通或會釋的運作中，我想，站在新立場的央求似乎有欠明朗。將兩種所見、概念或教理相會，找尋其中相通之點來通釋。在這種想法裡，如何產生新立場的意識，依我看，即使存在，也不一定明確。

總之，它缺少歐洲哲學辯證法那種「止揚」的思考方式，其間，要能同時超過「正」與「反」，而後綜合在更高層的自覺裡。這種念頭在會通或會釋的方法中，不一定很明確。

當我正在沈思這件事情時，忽然想起佛教徒的方言：「擔板漢」，俗話說：「擔板漢只看一邊」。

原來，所謂擔板漢者，就是肩膀上挑著木板的漢子，且看一個漢子肩上扛著木板進城去。因為他的肩上扛著木板，所以，只能看見街道的一邊，而看不見另一邊。依他所見，這座城市很奇怪，怎麽只有一邊的房屋在排列呢？別人聽了笑他說，你才有問題哩，何不放下肩上的木板再瞧一瞧？兩邊不是都有房子並排著嗎，果然，這個漢子放下肩上的木板，才發現街道兩旁的房子並排得很整齊。古代的僧人常常用這個譬喻做開場白，之後才接著說教。

我所以想起這段充滿古意的話題，並無別的意思，放下肩膀上的木板，意謂要站在新的立場上。或要站在更高自覺的立場上，倘若到處都顯現大乘的立場，那就是「擔板漢」了；倘若一直執著小乘的立場，結果也彷佛「擔板漢」。結論是，如果不放下肩膀上一塊木板來環視左右，就不會對問題產生新立場，而且，也無法到達更高的自覺境界來瞭望四周。

那麽，我們現在來看根本佛教與大乘佛教的問題，如要放下肩上的擔板環視左右時，那會看見怎樣的街景呢？怎麽樣的新立場會展現在眼前呢？我叫這個為「人的立場」。誠如上述，若把根本佛教與大乘佛教之間，橫豎的各項問題拿出來看時，便會發現全是人的問題。

例如，走個人路線或走大衆路線？也都是人的生存方式。再如重視分析法或直觀法？也都涉及人的思考方式；至於理性與感情問題，或阿羅漢與菩薩問題等，無非都是人的問題。

近年來，經常聽見一群學者把佛教規定為「人的宗教」。當然，這是基督教在我們面前展現巨大的姿態以後，才聽到的呼籲。若把佛教與基督教做比較的話，必能凸顯佛教的特色。大家馬上會發覺基督教完全是「神的宗教」，兩相對照之後，再看佛教的特色時，就會發覺它應該屬於「人的宗教」。

釋尊是一個人，以釋尊到達的思想與實踐為規範，才會形成佛的概念，我們人類要實現這種境界的各條路線，可說正是佛教的全部內容。然而，我們也是一種矛盾的存在。人不但有好善之心，也有向惡之心。一面想做聖賢，一面又難免世俗。一面是個人的身份，同時也是社會的角色。

總之，我們身內寓有兩個心。同樣以釋尊實現的境界為規範，但是為了達到目的，所選擇的途徑與方法卻形形色色，各不相同。當我們明確地站在自覺的立場上時，即使認為好像無解的課題，也會碰到新的光明。

做人的矛盾——

關於個人與大衆的問題，不妨先站在人的立場來開始思考。

如果套用佛教的一句老話，就是「上求菩提」與「下化衆生」的問題。初期的佛教徒依照釋尊的教誨，先專心成就自我。那就是以「上求菩提」為優先，反之，後來大乘佛教徒才主張以「下化衆生」為優先。這些內容已在上面談過了。

但是以「上求菩提」為優先者，表示以個人的自我成就為優先，而以「下化衆生」為優先者，縱使自己覺悟了也不能心安。由此很明顯地看出人活在世間多麼矛盾。

人生在世，人際關係非常微妙，我常說，這就等於「我一定要獨自生活，但也不是我一個人就能活下去。」意謂人既是單獨的個體，同時也是社會的成員。例如，我現在單獨在書房裡，正在孤獨下思考問題，然而，我也享受這種孤獨的快樂。我熱愛這種孤獨生活，因為在孤獨時，才能使我的思想活潑、運用自如，對我來說，正是「一定要單獨生活」的意思，再引證『經集』一、三「犀角經」的一首偈語：

金工打造一對美麗的、輝煌的，
黃金手環套在手上，
目睹相互撞擊的聲音，
彷彿犀牛角獨來獨往。

（第十四偈）

意謂一位美女的手上套著兩個輝煌的金環，乍見之下，這位美女更是美上加美。然而，初期佛教徒把這兩個手環互相擊觸，發出微妙聲響，只要聽到這種聲音，就得像犀牛角獨自往前走，這是釋尊的教示。因為釋尊也教誨：

要使群衆歡喜的人，
不能到達心解脫。

也許有人說，這種論調未免太頑固吧！但是，我常常會一個人靜靜地坐在書房裡沈思默想，就很理解這句話的意思。我不妨藉一位羅馬詩人歐威德斯（Ovidius,B.C.四三—A.D.一七年）的話說：「善於隱居的人，才會懂得生活」，這句話深受笛卡爾的喜愛。我想一個人若無法享受寧靜思索的時刻，便不能成為一位好學者。

但是，在書房裡待久了，一到黃昏時刻，我會走出書房下樓來跟家人團聚，一起吃晚飯，我想，這也是我一天中的最佳時刻。倘若遇到兒女因事外出，不能共聚晚餐，我就會有寂寞之感。不久前，內人因病住院，我不得不單獨在家吃晚餐，當時，我吃飯彷彿啃砂石，索然無味，也毫無食慾了。坐在書房裡時，我想儘情享受孤獨的樂趣，不料，從此才開始深深地感受到一個人無法生活的日子。

這只是指人類在家裡的生活情況，同樣地，我們活在世間的生存方式亦不例外。總之，人生在世，既是個人身份，也是社會成員。接著，我對釋尊成就正覺、大徹大悟，及其後來幾個星期裡，他仍然在樹下思索的問題，感到非常有趣。

依據『自說經』第一「菩提品」上說，釋尊坐在優留比螺的尼連

註一、**笛卡爾**—一五九六—一六五〇。法國大哲學家，被稱為近世哲學之父，主張「我思故我在」，和精神與物質的二元論。主要著作有『方法序說』，『情念論』。

註二、**自說經**—釋尊感興之餘，便自敍一番教說。屬於十二部經之一。十二部經是從經典敍述的形式與內容來區分十二種類。

河畔一棵菩提樹下正式成就正覺。之後一段時期，釋尊仍然住在樹下，依照經上記載是：「你在趺坐，繼續享受解脫的快樂」。在這以前的釋尊，正是一位孤獨的思索者，而這種思索卻讓他得到大徹大悟，究竟解脫，無疑是無可取代的歡喜。但在另一部經典——相應部經的「恭敬」，即漢譯雜阿含經的「尊重」上記載，釋尊開悟後，很快在內心裡湧起某種莫名其妙的不安了。

當時，他仍然住在附近尼拘律的樹下。經上說：

「那種沒有尊重與恭敬的生活很苦惱，我應該住在可以尊敬的沙門或婆羅門附近嗎？」

據說他有這些感觸了。對於這一點，我個人實在很難理解。而且也沒有發現前人對這方面有什麼感想。長期以來，我一直在懷疑，最後才好不容易明白過來。所謂「苦惱」，就是不安。如果沒有人可以尊敬或親近，便會產生不安。只要那裡有值得尊敬的沙門或婆羅門，我就想去那裡做他的弟子。我一直不解這一點。而今釋尊得到正覺，難道會有這種感觸嗎?後來,我終於找到答案了,原來那正是一種「正覺者的孤獨」。

不錯,他得到最高的正覺了,但若替他仔細一想,舉世僅有他自己才懷有如此想法。此情此景,無可譬喻,那就是不安了。只要有那位思想家懷有相同的思想,不惜去那裡追隨他。我為什麼能找得到這種答案呢?原來,人是社會的成員,不能單獨生存。

然而,想來想去都沒有這一類思想存在。當然,他所得到的境界是舉世無雙的。如果進一步思考,可知他想尊重和親近的人,其實也沒有證悟。這一來,他若要脫離「正覺者的孤獨」,惟一的途徑是懷抱自己的思想走入人群,設法讓大家了解自己的想法。他一想到這裡,便面對著說法或傳道的新課題了。

不久,釋尊決心要弘法,才從樹下站起來,走向波羅捺郊外的仙人住處——鹿野苑,找到五位比丘,試著向他們說明自己覺悟的內容,那就是初轉法輪。這項行為意謂釋尊當初求道開悟是個人的活動,而今才以社會成員的身份開始行動了。換句話說,他有過個人七年苦修過程,然後才開展長達四十五年的弘法生涯,正式走向廣大人群。

註三、七年苦修—從釋尊出家到開悟,前後苦行七年(或六年)。

這段史實可以解釋人在世間，一方面是個人身份，另一方面也得扮演社會的成員角色，說來真有趣。

然而，依照釋尊的教理，走上佛道的初期佛教教徒，最先都傾向個人的修行和解脫方面。他們接受釋尊的教導，經常跑到人煙稀少的寂靜所在，獨坐靜觀，只顧自己的成就而已。最通常的論調是，初期佛教徒的出家比丘衆，不外走上自己人格的思惟與實踐這兩條途徑，不妨藉用一首膾炙人口的『法句經』的詩偈說：

自己為自己所依，
他人怎可為所依？
自己能抑制自己，
是獲得了難得的所依。

（第一六〇偈）

這就是他們的氣質了。

仔細一想，這種出家的生活方式，顯然完全傾向個人方面。例如逃離社會、捨棄一切雜務、斷絕家庭關係，只顧自我的成就等情形。同時，他們放棄一切要求，毅然向這個境界努力，總算難能可貴而且值得尊敬。所以，大家也就不惜免費供養他們了。

如果再仔細一想，出家生活本身就含有若干矛盾。那就是逃避社會。事實上，他們真正與社會不相干嗎？例如，他們每天仍然出去托鉢，挨家挨戶求乞食物過日子。難道他們什麼都不理會嗎？例如，捨棄一切俗務。

其實，他們果真如此嗎？殊不知供養他們，也在養活他們的大衆仍在俗事裡費盡心機，拚死拚活。難道不理會他們的命運嗎？再說出家人跟家庭斷絕了關係，試問誰使他們活在世間呢？誰替他們繁衍人類的子孫呢？難道可以置他們於不顧，任他們苦惱生活嗎？

思及至此，不妨再回憶一下大乘佛教徒的主張：「即使我自己開悟，我也不能得救。」當時，這種論調照理會發出新的聲音讓人接受的。還有維摩詰居士一句名言：「因為一切衆生患病，我才會患病。」當時，他的話真讓人感動和重視。

總之，人生在世，除了要求自己的存在，也要重視社會的存在，

註四、維摩詰－譯自梵文字，意指某人有清淨的聲望。他是『維摩經』的架空人物，而這部經屬於大乘佛經之一。他雖然是一位在家佛教徒，但是，他的悟境與佛學造詣遠比出家僧侶還要高深。

這就彷彿我們除了要有右手，也要有左手一樣。倘若單純以對立關係的觀點來思考的話，那就未免太奇怪了。倘若喜歡右手，而厭惡左手的話，也是愚癡行為；如果重視左手，而輕蔑右手的話，更是荒謬透頂。人生在世一方面是個人的問題，也同時是社會的問題。能說那方面好，那方面不好。我們決不再有否定一方，而肯定另一方的議論。「上求菩提」與「下化衆生」，彷彿車輛具足雙輪，這樣才能讓佛教圓滿無缺。想到這裡，只有再開展佛教的新路線，才是我對於這個問題的答案。

人的思惟結構

接著，不妨站在人的立場來思考分析與直觀的問題。

這就是佛教的一句老話：「分別」與「無分別」的問題了。同時，它也是方法論的問題，例如，重視分析法或直觀法呢？誠如上述，初期的佛教徒是遵守釋尊的教理而走上佛道的，而他們主要仰賴分析法來了解世界與人生的真相。例如緣起、無常、無我等原理，無不建立在這種思考方法之上。反之。後來大乘佛教徒的主張卻很重視直觀法。如果再進一步說，法必須依直觀方式來掌握。

關於這個問題，不妨仔細思考一下初期佛教徒的做法，和大乘佛教徒的主張，便不難發現他們倒不見得有正面對立的情狀。上述個人與大衆的問題，只是因為把焦點放在先得專注自我成就，還是要先去救渡大衆呢？就某方面來說，這是個正面衝突的問題。根底下存在人的矛盾。至於分別與無分別的問題，只是說應該重視分析法，或直觀法而已，依我看，它倒不一定有正面對立的情形。

我一再說明釋尊教示徒衆有關自己的教法原理時，一直採用分析法。他把人的構成要素分為五項（五蘊），並觀察人的認識作用，而後提出六種感言及其與對象的關係，這叫六處。

以論理方式追求人類所以會有老死苦惱的條件，結果建立十二緣起法，可是，許多徒衆仍然不熟悉這種分析思惟法，最後，只會強記分析出來的結果而已，這一來，初期佛教徒好像只知埋首於名目、法數等繁瑣運作，以致成了風氣。今天如果再讀初期的佛經，照理說，也會有這種發現才對。後來，大乘佛教徒不滿意傳統佛教派的僵硬作風，才主張新佛教路線，顯然，這就是對當時瀰漫的繁瑣風潮表示反感的一項理由。

但若環視大乘佛教徒的學術作風，也會發現他們絕對沒有輕視分析法。例如，以上概觀過大乘心理學派（唯識學派）一群思想家的研究成果，發現他們有過更精細與分析思惟的作品。那麼，他們為何會再三提到無分別，只知讚嘆直觀的思惟呢？

這項理由似乎是因為他們認為佛法必須得靠直觀方式來掌握，我不得不坦述自己的迂腐，但若仔細檢討一下，便會發現他們一直在說，這個名詞即是法、真如或諸法實相。這方面的名詞形形色色，反正都是「諸法實相」。為了要掌握「諸法實相」，依他們看，就得靠直觀法了。這跟以前釋尊坐在菩提樹下完成的正覺情狀，也沒有絲毫差異。

上述『自說經』「菩提品」曾經談到釋尊的正覺情形，現在不妨再讀那首偈語——

真誠思惟的聖者，
當萬法明確地展示時，
疑惑便逐一消失了，
因為他知道緣起法。

先用散文（叫做長行）談論，再以韻文（偈，此時叫做應頌）來歸納概要，這種文學形式在初期的佛經上屢見不鮮，『自說經』的每一節全用這種形式，所以，此偈的作者必是這部經的製作者無疑，縱然如此，偈語的內容卻完全在說明釋尊的證悟情狀。

意謂這位聖者坐在樹下真誠地沈思默想，萬法終於清清楚楚地呈現在他的眼前。據說那時候，他的疑惑才逐一解消掉。這個敍述無疑說出當時的釋尊用直觀掌握了萬法的實相。尤其，「萬法明確地展示」一句話，很清楚地說出那種情狀。

所謂萬法，意指一切存在。這倒不是聖者想出這個或那個，而是萬法本身顯現自己的本相，在他的智慧前面展示出來。所謂直觀的掌握，就是指這種情狀或訊息。

註一、**釋尊出世或不出世**——佛教的真理（法）到處存在，可是，只有佛陀開悟向世人說明，有人譬喻：「名馬常有，而伯樂卻不常有。」說明佛教的真理時，經常被人引用。

至於最後那句：「因為懂得緣起法」，我有必要稍作註釋。他所以藉用「緣起法」之名，來談萬法實相，照理說，不可能發生在直觀成立的瞬息間。相應部經的「緣」。即漢譯雜阿含經的「因緣法」裡，談到釋尊向徒衆開示緣起法的情狀，倒是十分有趣。

「諸位比丘呵！緣起是什麼呢？諸位比丘呵！因為有生，才有老死，不論如來出世，或不出世，那種事實早已定妥，以法的現象定安和確立著。那就是相依性，如來覺悟，知道教示、詳說、開顯、分別，弄明確時才說：「你們看看吧！」」

其中值得注意的是：「不論如來出世或不出世，那種事實早已定安，以法的現象定安和確立著」這句話。意謂萬法的存在不因釋尊出世或不出世都不要緊，反正它原來就定著在那裡。它絕不是釋尊的出現以後，在自己沈思默想中運作出來的。反之，釋尊扮演的角色只在「覺悟和知曉它的存在實狀」罷了。那就是萬法明確地展示在眞誠思索的聖者面前。

註二、**正法眼藏**—道元禪師的主要作品，內容涉及教理、生活和他個人的思想，屬於日本佛教哲學的佳作。

走筆至此，我猛然想起道元禪師『正法眼藏』第三的「現成公案」中有一段話說：

「以為自己運作萬法是迷，知道萬法彰顯自己是悟。」

覺悟不是要在自己的思量裡營造，而是萬法。

在我們眼前展現實相。這時候，世人才會恍然明白：「啊！原來如此！」所謂直觀掌握，就是這種情形。但是，事情不是到此結束，如來覺悟，也知道萬法早已存在，然後再分別、弄明白，才開始向徒衆說：「喂，你們看看呀！」總之，先得分析思惟，待情況弄清楚以後才能向大家說：「就是這個樣子。」

我已經再三說過釋尊在菩提樹下成就正覺之後，沒有馬上離去，仍舊獨自在樹下繼續沈思默想。此事的確有趣。他先大徹大悟，那是完全依靠直觀得來的境界，萬法擁向前來，在他面前展現實相。之後幾星期裡，他仍在樹下繼續思索。其間，他再三品嚐自己靠直觀得到的內容，同時加以整理。結果，他恍然發現這就是相依性或關連性。

他知曉一切存在的事物都在相依關係中生起和消滅。「緣起」可以說「依緣而起」，那時才起步而已，然後，若把這套公式放在「老死」這個課題上面，便構成一套關係系列，從「老死緣起於生」一直到「行緣起於無明」。

所謂十二緣起，就是從十二系列完成一套有關老死的想法。再把這個當作實踐問題時，便導引出中道、四聖諦、八正道等項目。這時候，釋尊才站在尼連禪河畔的樹下說：「你們看啊！」於是走向鹿野苑去初轉法輪了。

其間，有直觀的掌握，也有分析的思惟，透過這些才能大徹大悟，究竟解脫和教法。倘若只有正覺，而沒有教法的話，那麼，釋尊的教理就絕對不可能在人類歷史上屹立不搖了，如果沒有開悟、成就正覺，當然也不可能有佛陀的教法了。意謂由直觀得來的正覺，和靠分析思惟整理出來的教法體系，形成一套互補關係。沒有這個，便不會有那個，兩者具足才算圓滿。

不僅僅釋尊在樹下的思惟是這個樣子，其實，人類的思惟本來即是這種結構。最明顯的證據，可以在康德所著『純粹理性批判』一書

註三、**康德**—一七二四—一八〇四。德國的哲學家，他主張人類所能認識的只有經驗的世界。而超經驗的東西屬於信仰的對象。他的哲學似乎超越神學性質，屬於科學性論調。主要作品有：『純粹理性批判』、『實踐理性批判』、『判斷力批判』。

註四、**『純粹理性批判』**—康德在一七八一年的作品，康德在書中再度檢討人的認識能力，把認識範圍限定於經驗世界，綜合批判以往的經驗與理性論。

裡，發現那是一套極精細的思考作業。如衆所周知，康德說到人類認識的成立結構是這個樣子——事物本身→感性形式→悟性形式。所謂感性，就是我們的心性具有承受對象所引發的表象能力，也就是直觀這個名詞。所謂悟性，就是我們的心性自動產生表象的能力，可用『思惟運作』一詞來解說，只有透過這兩種形式，才能成立認識，這是康德在純粹理性批判，所做的最重要結論之一。當他提出這套結論時，又附帶一句話，我記得這句話是這樣：

「在這兩種性質裡，倒沒有其中一種優於其他一種。若缺少感性，我們便得不到對象，若沒有悟性，就沒有對象能讓我們思索。缺乏內容的思考是空虛，沒有概念的直觀是無明，因此，把概念感性化（概念在直觀裡賦予某種對象），也把直觀知性化（把直觀放入概念中）同樣都很重要。這兩種能力或能性無法交換彼此的機能。悟性可不能對什麼東西都能直觀，而感性也無法對任何東西都能思索，只有兩者結合以後，才能發現認識的存在。」

康德在這兒討論的課題，只是在欣賞純理性的運作。對象會引發人的認識能力，就是認識成立前的行程分析，他至此仍然沒有踏入實踐理性的範圍，所以，釋尊坐在樹下的思惟跟這項討論範圍不同，儘管這樣，所謂感性的運作——直觀，和悟性的運作——思惟。如果各自獨立時，便是空虛或無明。

總之，我們不能否定一個事實——「只有兩者結合，才能發現認識」。換句話說，兩者是一種互補關係。倘若有人一直在爭辯分別比較好，或無分別比較好的話，那才是愚不可及。我們應該知曉：「這兩種性質，誰都不能比誰強，或比誰好」，只有這樣，才能站在更高的自覺上找出一條新路，否則就別想另求出路了。

站在人的立場來思考

根本佛教與大乘佛教之間有兩項最重要的論點，我費了不少篇幅敍述自己的管見。我確信新途徑必然從那裡開展出來，在其他論點方面，也同樣站在人的立場上思考，藉此才能找出一種新的會通端倪。

例如，理性與感情的問題也不例外。任何人都有理性和感情，我相信每一個人都有喜怒哀樂之情，若非這樣，那種人也絕不可能平易近人。但是，釋尊和初期佛教徒所選擇的路，並非訴諸人類的感情，正是基於這個理由。如衆所周知，感情具有衝走人的功能，一個人若任由感情去擺佈，結果必不知所從，這一定是蠻可怕的。

相應部經典的「箭」這一段，也相當於漢譯雜阿含經的「箭」品，內容提到釋尊有一次教示徒衆，不承受「第二支箭」。

有一次，釋尊向徒衆試探一個問題——向未聽聞這段教理的人，會覺得快樂，還是覺得苦惱呢？而已經聽聞過這段教理的人，會覺得苦惱，還是覺得快樂呢？到底這兩種人有什麼差別呢？結果，徒衆答不出來。於是，釋尊自己作答了，結論是「不承受第二支箭」。內容如下：

「諸位比丘呵！尚未聽聞這段教理的人，碰到苦惱時，會悲哀嘆息，以至愈來愈迷惑。這種人彷彿被第一支箭射中後，又被第二支箭射中，相反地，已經聽聞過這段教理的人，即使遇到苦惱，也不會徒自悲嘆，更不致於陷入迷惑中，我才說他不會被第二支箭射中。」

至於快樂的情狀，釋尊的教示也相同。佛教徒看見美麗鮮花，照樣會心花怒放，十分歡喜。但他不會耽於這種歡喜中，倘若陶醉在歡喜中而不能自拔時，第二支箭就會變成苦惱飛過來，所以，釋尊教示佛教徒不會被第二支箭射中的道理，就在這裡。

這可說是釋尊和初期佛教徒對於人類感情的處理態度了。感情有一種衝走人的作用，面對這種作用時，非得靠理性冷靜地對付不可。也因為這樣，才使佛教徒不知不覺被人說像枯樹寒巖，對於喜怒哀樂完全無動於衷。在這方面，人的特性非被打壓不可，而這也是大乘佛教徒不滿意的理由。

因此，大乘佛教才在漫長的歷史上製作出不少美術、雕刻和音樂。大乘佛經在文學性方面，跟初期佛經形成強烈的對比。在其中所展現的各項脈動裡，也看出他們訴諸於感情的傾向非常強烈。佛教世界註一、巴斯卡一一六二三～一六六二。他是法國數學家，物理學家和宗教家。面對理性的看法，他反而強調心情。人有無與無限，無價值與高貴等矛盾的層面，而基督教卻能使人領悟這方面。

的景象也因而有極大的改觀。枯樹寒巖的風景，也被落花繽紛，眼花撩亂所取代了，這是人類感情的權利恢復。

從前，釋尊教示徒衆，可別讓第二支箭射中才好，也依然不失它的重要性。其間，我們要怎樣面對才好呢？每次思考這項課題時，我就情不自禁想起巴斯卡在『那塞』一書裡的幾句話——

「倘若他沒有慾情（Passions），而只有理性（raison）的話……

倘若他沒理性，而只有慾情的話……

可是，他這兩種都具備了，結果就不得不戰。因為除了跟他作戰以外，根本不可能和平。這一來，他經常一面被分裂，一面在反對自我。」

（四一二）

因為我也是一個人，所以很明白這句話，感觸也很深刻。但是，那句「除了跟他作戰以外，根本不可能和平」。我想，這種心態豈非稍嫌僵硬嗎？雙方都有重要的人間要素。這就是打殺一方，而用另一方來統一，這種做法是不可能的。倘若這樣做的話，就會失去人的特性。結果，一定會變成枯樹寒巖般的人類，或類似動物人。所謂站在人的立場來思考，就是要注意這種情狀。如果注意到這一點的話，就要讓它們分成兩方面，而且各自扮演應該扮演的角色。從此才有希望再開闢一條新路。

至於意識與意識下的問題，以及阿羅漢與菩薩的問題，我已經談得夠多了，這些問題無異透過大乘佛教徒，把人的情狀發掘到更深層時所提示出來的，或是佛教這條道路在更寬闊的視野下被提示的主張，這是我對這兩項課題的思考。

誠如上述，歐洲學者和思想家也只是到了最近幾年，才開始注意和研究人類心理的深層，或意識下的自我。奧國有一位精神分析學家叫做弗洛伊德（S. Freud，一八五六——一九三九年）曾寫一本書——『夢的解釋』（Traumdeutung，一九〇〇年），若以這本書為開端的話，那麽，到今天為止，深層心理學的歷史也只不過七十年而已。但是，大乘的心理學者們卻早在五世紀便開始這方面的研究，至今也有

註二、**弗洛伊德**——一八五六～一九三九。精神分析的創始人，出生於捷克。他把深層意識——無意識的意識—明白指出來，對於後來的心理學和思想界有重大影響，主要作品有『夢判斷』、『精神分析入門』。

兩千年之久。因此，佛教徒能夠幸運地明白人的身、口、意三業，也就是人會思考什麼，說什麼，幹什麼等行為，不但來自意識上的運作，也由於心底潛意識下的運作所使然。

如果徹底理解這一點，才是站在人的立場來思考問題。而且，大乘派的學者們也能明白指出意識上運作，跟意識下運作有什麼關係？所謂「種子生現行，現行薰種子」這句話，若肯好好體會這句話，應該能夠從此開闢一條佛教的新路才對。

若再站在人的立場來體會阿羅漢與菩薩的問題時，可見也是相當有趣的問題。依我看，佛教是一條自我成就之路。不過，這條路有無窮的長度，別以為來到這裡便算結束，那是不對的。如果有人問釋尊是怎樣的人呢？其實，他也不是不可思議的人，因為他也曾走過這條路，才成就我們的最好典範，而我們也一直以他為目標，向這條人生成就的道路前進。如果仔細一想，釋尊豈非所有佛教徒的先賢，也是在這條無窮盡的路上打前鋒的人嗎？

我們不妨想想看，他在菩提樹下大徹大悟以後仍在世間活了四十五年。其間，他做些什麼呢？他得悟的內涵是非常殊勝的。他透過這些把思惟稍加整理，和完成該做的事，兩者連成一氣。這就是釋尊一輩子的生活事實。

我屢次談到釋尊大徹大悟以後，仍然獨坐和靜觀一段時日，在持續智慧的運作。不久，他才出去弘法救渡衆生，如此，也照樣沒有停止智慧的運作。如果藉用佛敎的一句老話說，就是「上求菩提」和「下化衆生」的無窮事業，一直放在釋尊的雙肩上。原因是，智慧的運作是無限的，應該敎化的衆生也多得不可勝數。因此，釋尊活到八十歲，尙以老邁之身繼續弘法，最後在拘尸那羅城外的沙羅雙樹間圓寂了。

這條人生的道路所以為無窮，就是這種寫實。因為這條道路無窮盡，所以才沒有完成。大乘佛敎徒所以會把菩薩當作理想人的形象，這個背景就是建立在如此自覺之上。誠如上述，菩薩原指仍然在修行的人，在這條無窮的道路上，所有人都是修行人，所謂道路無窮，也意謂無依無靠又很可怕，若讀『法華經』第七「化城諭品」的內容時，便會發現有一句話說：「前途還很遠……我精疲力盡，也很畏懼，再也不能往前走了。」這時候，有一位賢明的導師出來變化一座虛幻城，旨在鼓舞他們再接再厲，不要氣餒。這也可說是一種實踐智慧。

由此看來，我不以為阿羅漢和菩薩是完全不同的人物。若把佛教當作一條無窮的道路，再站在它的本質上來思考的話，那麼，大家都是菩薩。如果從實踐的觀點來看佛教，那麼，我也希望到達那個目標。初期的佛教徒稱這項目標為阿羅漢，這一來，就不再會從對立的立場來思考問題了，與其如此，不如說應該明白佛教是成就自我的一條無窮道路，在實踐方面，得窮畢生之力去完成這項目標。這不是人生在世最聰明的行程嗎？我想，若能好好理解這一點，也必能開闢一條新的佛教途徑。

其間，我對於『法華經』十五「從地湧出品」那位「地湧菩薩」的概念，極有興趣。因為我會聯想到它對於新佛教道路的重要端倪有某種暗示。自古以來，世間的宗教通常都以為理想人的形象遠在天邊，而今卻有相反的概念，以為理想人物屬於土地，而且會從地下湧出來。本來，人類居在天地之間，一旦脫離土地，就休想活命。這部經典描述理想人物的形象時，便是那位地下湧出的菩薩。我對於這一點倒沒有興趣，至於有什麼看法，不妨再找機會討論。

作者簡歷：增谷文雄

生於明治三十五年，誕生在福岡縣。東京帝國大學文學部宗教學科畢業，曾獲該校文學博士學位，並曾任東京外國語大學教授、東京教育大學講師、日本宗教學會會長、日本宗教聯盟理事、大正大學宗教學科主任教授、國際宗教研究所理事長、都留文科大學校長等職，逝世於一九八七年十二月六日，享年八十五，終生對宗教貢獻頗多。

譯者簡歷：葉作森

籍貫：台灣中壢，畢業於中原理工學院土木系，留學日本早稻田大學，獲得碩士學位，之後留學美國，學業完成後從事旅館業，餘暇研修佛學，現任美國佛教宏法中心編輯。

感謝增谷文雄先生的夫人瑛子女士無償准予中譯本出版，謹此致謝！

功德無量

佼成出版社宛のお手紙廻送され拝見いたしました
大分昔の書物ですが「根本仏教と大乗仏教」を
およみいただいてありがとうございました
著者増谷文雄はもう七年前に八十五才で
永眠いたしました.
漢文に翻訳なさりたいとのお話ですが、どうぞ
お使い下さって結構でございます
皆様によんでいただくことが出来ませば
本人も満足いたしますことでございましょう、出来上り
ましたら一冊送って下さいませ　仏前に供へ
たいと思います　かしこ

増谷文雄　妻　瑛子

葉作森様

十二月十三日

大展出版社有限公司 圖書目錄

地址：台北市北投區11204
致遠一路二段12巷1號
郵撥：0166955～1

電話：(02) 8236031
8236033
傳眞：(02) 8272069

•法律專欄連載• 電腦編號58

台大法學院 法律學系／策劃
法律服務社／編著

①別讓您的權利睡著了1	200元
②別讓您的權利睡著了2	200元

•秘傳占卜系列• 電腦編號14

①手相術	淺野八郎著	150元
②人相術	淺野八郎著	150元
③西洋占星術	淺野八郎著	150元
④中國神奇占卜	淺野八郎著	150元
⑤夢判斷	淺野八郎著	150元
⑥前世、來世占卜	淺野八郎著	150元
⑦法國式血型學	淺野八郎著	150元
⑧靈感、符咒學	淺野八郎著	150元
⑨紙牌占卜學	淺野八郎著	150元
⑩ＥＳＰ超能力占卜	淺野八郎著	150元
⑪猶太數的秘術	淺野八郎著	150元
⑫新心理測驗	淺野八郎著	160元

•趣味心理講座• 電腦編號15

①性格測驗1	探索男與女	淺野八郎著	140元
②性格測驗2	透視人心奧秘	淺野八郎著	140元
③性格測驗3	發現陌生的自己	淺野八郎著	140元
④性格測驗4	發現你的真面目	淺野八郎著	140元
⑤性格測驗5	讓你們吃驚	淺野八郎著	140元
⑥性格測驗6	洞穿心理盲點	淺野八郎著	140元
⑦性格測驗7	探索對方心理	淺野八郎著	140元
⑧性格測驗8	由吃認識自己	淺野八郎著	140元
⑨性格測驗9	戀愛知多少	淺野八郎著	140元

⑩性格測驗10　由裝扮瞭解人心　淺野八郎著　140元
⑪性格測驗11　敲開內心玄機　淺野八郎著　140元
⑫性格測驗12　透視你的未來　淺野八郎著　140元
⑬血型與你的一生　淺野八郎著　140元
⑭趣味推理遊戲　淺野八郎著　160元
⑮行爲語言解析　淺野八郎著　160元

・婦 幼 天 地・電腦編號 16

①八萬人減肥成果　黃靜香譯　180元
②三分鐘減肥體操　楊鴻儒譯　150元
③窈窕淑女美髮秘訣　柯素娥譯　130元
④使妳更迷人　成　玉譯　130元
⑤女性的更年期　官舒妍編譯　160元
⑥胎內育兒法　李玉瓊編譯　150元
⑦早產兒袋鼠式護理　唐岱蘭譯　200元
⑧初次懷孕與生產　婦幼天地編譯組　180元
⑨初次育兒12個月　婦幼天地編譯組　180元
⑩斷乳食與幼兒食　婦幼天地編譯組　180元
⑪培養幼兒能力與性向　婦幼天地編譯組　180元
⑫培養幼兒創造力的玩具與遊戲　婦幼天地編譯組　180元
⑬幼兒的症狀與疾病　婦幼天地編譯組　180元
⑭腿部苗條健美法　婦幼天地編譯組　150元
⑮女性腰痛別忽視　婦幼天地編譯組　150元
⑯舒展身心體操術　李玉瓊編譯　130元
⑰三分鐘臉部體操　趙薇妮著　160元
⑱生動的笑容表情術　趙薇妮著　160元
⑲心曠神怡減肥法　川津祐介著　130元
⑳內衣使妳更美麗　陳玄茹譯　130元
㉑瑜伽美姿美容　黃靜香編著　150元
㉒高雅女性裝扮學　陳珮玲譯　180元
㉓蠶糞肌膚美顏法　坂梨秀子著　160元
㉔認識妳的身體　李玉瓊譯　160元
㉕產後恢復苗條體態　居理安・芙萊喬著　200元
㉖正確護髮美容法　山崎伊久江著　180元
㉗安琪拉美姿養生學　安琪拉蘭斯博瑞著　180元
㉘女體性醫學剖析　增田豐著　220元
㉙懷孕與生產剖析　岡部綾子著　180元
㉚斷奶後的健康育兒　東城百合子著　220元

・青春天地・電腦編號17

①A血型與星座	柯素娥編譯	120元
②B血型與星座	柯素娥編譯	120元
③O血型與星座	柯素娥編譯	120元
④AB血型與星座	柯素娥編譯	120元
⑤青春期性教室	呂貴嵐編譯	130元
⑥事半功倍讀書法	王毅希編譯	150元
⑦難解數學破題	宋釗宜編譯	130元
⑧速算解題技巧	宋釗宜編譯	130元
⑨小論文寫作秘訣	林顯茂編譯	120元
⑪中學生野外遊戲	熊谷康編著	120元
⑫恐怖極短篇	柯素娥編譯	130元
⑬恐怖夜話	小毛驢編譯	130元
⑭恐怖幽默短篇	小毛驢編譯	120元
⑮黑色幽默短篇	小毛驢編譯	120元
⑯靈異怪談	小毛驢編譯	130元
⑰錯覺遊戲	小毛驢編譯	130元
⑱整人遊戲	小毛驢編著	150元
⑲有趣的超常識	柯素娥編譯	130元
⑳哦！原來如此	林慶旺編譯	130元
㉑趣味競賽100種	劉名揚編譯	120元
㉒數學謎題入門	宋釗宜編譯	150元
㉓數學謎題解析	宋釗宜編譯	150元
㉔透視男女心理	林慶旺編譯	120元
㉕少女情懷的自白	李桂蘭編譯	120元
㉖由兄弟姊妹看命運	李玉瓊編譯	130元
㉗趣味的科學魔術	林慶旺編譯	150元
㉘趣味的心理實驗室	李燕玲編譯	150元
㉙愛與性心理測驗	小毛驢編譯	130元
㉚刑案推理解謎	小毛驢編譯	130元
㉛偵探常識推理	小毛驢編譯	130元
㉜偵探常識解謎	小毛驢編譯	130元
㉝偵探推理遊戲	小毛驢編譯	130元
㉞趣味的超魔術	廖玉山編著	150元
㉟趣味的珍奇發明	柯素娥編著	150元
㊱登山用具與技巧	陳瑞菊編著	150元

・健康天地・電腦編號18

①壓力的預防與治療	柯素娥編譯	130元
②超科學氣的魔力	柯素娥編譯	130元
③尿療法治病的神奇	中尾良一著	130元
④鐵證如山的尿療法奇蹟	廖玉山譯	120元
⑤一日斷食健康法	葉慈容編譯	120元
⑥胃部強健法	陳炳崑譯	120元
⑦癌症早期檢查法	廖松濤譯	160元
⑧老人痴呆症防止法	柯素娥編譯	130元
⑨松葉汁健康飲料	陳麗芬編譯	130元
⑩揉肚臍健康法	永井秋夫著	150元
⑪過勞死、猝死的預防	卓秀貞編譯	130元
⑫高血壓治療與飲食	藤山順豐著	150元
⑬老人看護指南	柯素娥編譯	150元
⑭美容外科淺談	楊啟宏著	150元
⑮美容外科新境界	楊啟宏著	150元
⑯鹽是天然的醫生	西英司郎著	140元
⑰年輕十歲不是夢	梁瑞麟譯	200元
⑱茶料理治百病	桑野和民著	180元
⑲綠茶治病寶典	桑野和民著	150元
⑳杜仲茶養顏減肥法	西田博著	150元
㉑蜂膠驚人療效	瀨長良三郎著	150元
㉒蜂膠治百病	瀨長良三郎著	180元
㉓醫藥與生活	鄭炳全著	180元
㉔鈣長生寶典	落合敏著	180元
㉕大蒜長生寶典	木下繁太郎著	160元
㉖居家自我健康檢查	石川恭三著	160元
㉗永恒的健康人生	李秀鈴譯	200元
㉘大豆卵磷脂長生寶典	劉雪卿譯	150元
㉙芳香療法	梁艾琳譯	160元
㉚醋長生寶典	柯素娥譯	180元
㉛從星座透視健康	席拉・吉蒂斯著	180元
㉜愉悅自在保健學	野本二士夫著	160元
㉝裸睡健康法	丸山淳士等著	160元
㉞糖尿病預防與治療	藤田順豐著	180元
㉟維他命長生寶典	菅原明子著	180元
㊱維他命C新效果	鐘文訓編	150元
㊲手、腳病理按摩	堤芳郎著	160元
㊳AIDS瞭解與預防	彼得塔歐爾著	180元
㊴甲殼質殼聚糖健康法	沈永嘉譯	160元
㊵神經痛預防與治療	木下眞男著	160元
㊶室內身體鍛鍊法	陳炳崑編著	160元

㊷吃出健康藥膳	劉大器編著	180元
㊸自我指壓術	蘇燕謀編著	160元
㊹紅蘿蔔汁斷食療法	李玉瓊編著	150元
㊺洗心術健康秘法	竺翠萍編譯	170元
㊻枇杷葉健康療法	柯素娥編譯	180元
㊼抗衰血癒	楊啟宏著	180元

・實用女性學講座・電腦編號 19

①解讀女性內心世界	島田一男著	150元
②塑造成熟的女性	島田一男著	150元
③女性整體裝扮學	黃靜香編著	180元
④女性應對禮儀	黃靜香編著	180元

・校 園 系 列・電腦編號 20

①讀書集中術	多湖輝著	150元
②應考的訣竅	多湖輝著	150元
③輕鬆讀書贏得聯考	多湖輝著	150元
④讀書記憶秘訣	多湖輝著	150元
⑤視力恢復！超速讀術	江錦雲譯	180元

・實用心理學講座・電腦編號 21

①拆穿欺騙伎倆	多湖輝著	140元
②創造好構想	多湖輝著	140元
③面對面心理術	多湖輝著	160元
④偽裝心理術	多湖輝著	140元
⑤透視人性弱點	多湖輝著	140元
⑥自我表現術	多湖輝著	150元
⑦不可思議的人性心理	多湖輝著	150元
⑧催眠術入門	多湖輝著	150元
⑨責罵部屬的藝術	多湖輝著	150元
⑩精神力	多湖輝著	150元
⑪厚黑說服術	多湖輝著	150元
⑫集中力	多湖輝著	150元
⑬構想力	多湖輝著	150元
⑭深層心理術	多湖輝著	160元
⑮深層語言術	多湖輝著	160元
⑯深層說服術	多湖輝著	180元
⑰掌握潛在心理	多湖輝著	160元

⑱洞悉心理陷阱	多湖輝著	180元

・超現實心理講座・電腦編號 22

①超意識覺醒法	詹蔚芬編譯	130元
②護摩秘法與人生	劉名揚編譯	130元
③秘法！超級仙術入門	陸　明譯	150元
④給地球人的訊息	柯素娥編著	150元
⑤密教的神通力	劉名揚編著	130元
⑥神秘奇妙的世界	平川陽一著	180元
⑦地球文明的超革命	吳秋嬌譯	200元
⑧力量石的秘密	吳秋嬌譯	180元
⑨超能力的靈異世界	馬小莉譯	200元

・養 生 保 健・電腦編號 23

①醫療養生氣功	黃孝寬著	250元
②中國氣功圖譜	余功保著	230元
③少林醫療氣功精粹	井玉蘭著	250元
④龍形實用氣功	吳大才等著	220元
⑤魚戲增視強身氣功	宮　嬰著	220元
⑥嚴新氣功	前新培金著	250元
⑦道家玄牝氣功	張　章著	200元
⑧仙家秘傳袪病功	李遠國著	160元
⑨少林十大健身功	秦慶豐著	180元
⑩中國自控氣功	張明武著	250元
⑪醫療防癌氣功	黃孝寬著	250元
⑫醫療強身氣功	黃孝寬著	250元
⑬醫療點穴氣功	黃孝寬著	220元
⑭中國八卦如意功	趙維漢著	180元
⑮正宗馬禮堂養氣功	馬禮堂著	420元

・社會人智囊・電腦編號 24

①糾紛談判術	清水增三著	160元
②創造關鍵術	淺野八郎著	150元
③觀人術	淺野八郎著	180元
④應急詭辯術	廖英迪編著	160元
⑤天才家學習術	木原武一著	160元
⑥猫型狗式鑑人術	淺野八郎著	180元
⑦逆轉運掌握術	淺野八郎著	180元

⑧人際圓融術	澀谷昌三著	160元
⑨解讀人心術	淺野八郎著	180元
⑩與上司水乳交融術	秋元隆司著	180元

・精 選 系 列・電腦編號 25

①毛澤東與鄧小平	渡邊利夫等著	280元
②中國大崩裂	江戶介雄著	180元
③台灣・亞洲奇蹟	上村幸治著	220元
④7-ELEVEN高盈收策略	國友隆一著	180元
⑤台灣獨立	森　詠著	200元
⑥迷失中國的末路	江戶雄介著	220元
⑦2000年5月全世界毀滅	紫藤甲子男著	180元

・運 動 遊 戲・電腦編號 26

①雙人運動	李玉瓊譯	160元
②愉快的跳繩運動	廖玉山譯	180元
③運動會項目精選	王佑京譯	150元
④肋木運動	廖玉山譯	150元
⑤測力運動	王佑宗譯	150元

・銀髮族智慧學・電腦編號 28

①銀髮六十樂逍遙	多湖輝著	170元
②人生六十反年輕	多湖輝著	170元

・心 靈 雅 集・電腦編號 00

①禪言佛語看人生	松濤弘道著	180元
②禪密教的奧秘	葉逯謙譯	120元
③觀音大法力	田口日勝著	120元
④觀音法力的大功德	田口日勝著	120元
⑤達摩禪106智慧	劉華亭編譯	150元
⑥有趣的佛教研究	葉逯謙編譯	120元
⑦夢的開運法	蕭京凌譯	130元
⑧禪學智慧	柯素娥編譯	130元
⑨女性佛教入門	許俐萍譯	110元
⑩佛像小百科	心靈雅集編譯組	130元
⑪佛教小百科趣談	心靈雅集編譯組	120元
⑫佛教小百科漫談	心靈雅集編譯組	150元

國立中央圖書館出版品預行編目資料

根本佛教與大乘佛教／增谷文雄著，葉作森譯
—初版—臺北市，大展，民85
面；　　公分—（心靈雅集；52）
譯自：根本仏教と大乘仏教
ISBN 957-557-597-0（平裝）

1. 佛教

220　　　　85003331

ISBN 957-557-597-0

根本佛教與大乘佛教

原著者／增谷文雄
編譯者／葉作森
發行人／蔡森明
出版者／大展出版社有限公司
社　址／台北市北投區（石牌）
致遠一路二段12巷1號
電　話／(02) 8236031・8236033
傳　眞／(02) 8272069
郵政劃撥／0166955－1
登記證／局版臺業字第2171號
承印者／國順圖書印刷公司
裝　訂／嶸興裝訂有限公司
排版者／千賓電腦打字有限公司
電　話／（02）8836052
初　版／1996年（民85年）6月
定　價／180元